대면 비대면 외면

대면 비대면 외면
— 뉴노멀 시대, 우리는 어떻게 연결되는가

제1판 제1쇄 2022년 10월 7일

지은이 김찬호
펴낸이 이광호
주간 이근혜
편집 박지현 홍근철
펴낸곳 ㈜문학과지성사
등록번호 제1993-000098호
주소 04034 서울 마포구 잔다리로7길 18 (서교동 377-20)
전화 02)338-7224
팩스 02)323-4180(편집) 02)338-7221(영업)
전자우편 moonji@moonji.com
홈페이지 www.moonji.com

© 김찬호, 2022. Printed in Seoul, Korea.

ISBN 978-89-320-4055-4 03300

이 책의 판권은 지은이와 ㈜문학과지성사에 있습니다.
양측의 서면 동의 없는 무단 전재 및 복제를 금합니다.

김찬호 지음

대면 비대면 외면

뉴노멀 시대,
우리는 어떻게 연결되는가

문학과지성사

들어가며

"지금 혼자가 되지 않으면 영영 혼자가 될 수도 있습니다."
이 슬로건은 2020년 서울시가 사회적 거리두기를 장려하기 위해 만든 것으로, 표현이 다소 섬찟하다. 인간이 외톨이로 지내기는 어려운 일이고, 자칫하면 삶이 위태로워질 수도 있다. 다행히 앞의 메시지는 경고이면서 희망 또한 암시하고 있다. 잠시 멈춰서 코로나19를 잘 극복하면 더 이상 혼자가 되지 않을 거라는 뜻을 함축하고 있는 것이다. 하지만 '잠시'가 아니었다. 3년째 팬데믹이 이어지면서 '비상'이 '일상'이 되었다. 이른바 '뉴노멀'이 정착되었고, 이제 코로나 이전의 삶으로 돌아갈 수 없다.

'혼자가 되어' 지낸 2년 이상의 기간은 삶의 풍경을 크게 바꿔놓았다. 우선 소비 시장에서 일인용 헤어숍이나 피트니스 센터, 세신 숍 등 혼자서 이용하는 서비스 상품이 등장했다. 그리고 반려동물을 키우는 인구가 늘어나면서 관련 시장도 크게 성장했다. 그런가 하면 우려스러운 현상도 있는데, 고독사와 마약 중독 등이 늘어난 것이다. 아무도 돌아보지 않는 공간에서 쓸쓸하게 죽음을 맞이하고, 삶의 공허함을 약물로 채우는 모습은 점점 깊어지는 고립을 극적으로 반영한다.

통계청이 발표한 '2021 사회조사'에 따르면, 가족을 제외한 모든 사회적 관계에서 코로나19 이후 "관계가 멀어졌다"라고 답한 사람이 많았다. 이웃(39퍼센트), 친·인척(37퍼센트), 친구(35퍼센트) 등과의 관계가 소원해졌다는 응답이 전체의 3분의 1을 넘어선 것이다. 이러한 변화는 사회적 신뢰의 감소와 맞물린 것으로 보인다. 같은 자료에 따르면, 타인을 "믿을 수 있다"라고 답한 사람의 비율이 약 50퍼센트로, 1년 전보다 16퍼센트포인트 떨어졌다. 조사가 시작된 2013년 이후 최저치다. 위기 상황에서 도움받을 곳이 없는 사람의 비율인 '사회적 고립도' 또한 많이 늘어났다. 2021년 사회적 고립도는 34퍼센트로, 2019년보다 6퍼센트가량 늘었는데 조사가 시작된 2009년 이후 최고치라고 한다.

'사회적 불황'이라는 말이 있다. '경제활동이 전반적으로 침체되는 상태'를 가리키는 '불황'을 원용한 개념으로, 사람들 사이의 교류와 소통이 줄어드는 현상을 가리킨다. 지금 세상에서는 사회적 불황이 경제적 불황 못지않게 문제가 되고, 그 둘이 서로 맞물려 악순환의 고리에 빠지기 쉽다. 가난이 외로움을 낳고, 소외가 깊어지면 경제활동도 힘들어진다. 예전에는 물질적으로 쪼들려도 가족이나 이웃 간의 유대로 삶을 지탱했다면, 이제는 빈곤 계층일수록 고립이 심하고 그로 인해 더 가난해지는 것이다. 일거리를 구하는 연결망이 끊기고 일상의 소소한 도움을 주고받는 이웃이 사라지면서 살림살이가 팍팍해지기 때문이다. 아이들도 마찬가지여서, 저소득층일수록 '나 홀로 집에' 있는 시간이 많아 소통 능력이 감퇴하고 학력도 저하된다.

이것은 한국만의 상황이 아니다. 사회학자 로버트 D. 퍼트넘이 신자유주의 물결 속에서 원자화되어가는 미국인들의 삶을 묘사한 책 『나 홀로 볼링 *Bowling Alone*』(2000)에서 잘 드러나듯이, 사회적 단절과 커뮤니티의 붕괴는 많은 선진국에서 광범위하게 일어나고 있다. 영국도 2018년 정부에 외로움 담당 부서를 설치하고 고위급 책임자 minister(한국에서는 흔히 '장관'으로 잘못 번역되는데, 실제로는 장관 secretary of state 밑에 있는 여러 부장관 가운데 한 명이다)도 임명하여 신선한 화제가 된 바 있다. 사람들 사이의 유대가 해체되는 것은 개인적 삶뿐 아니라 민주주의를 위협하는 요인으로도 지적된다.

혼자 있다는 것은 어떤 공간에 자기 외에는 아무도 없는 상황만을 의미하지 않는다. 물리적으로 누군가가 내 옆에 있다 해도 그가 나를 전혀 의식하지 않는다면, 혼자 있는 것에 가깝다고 할 수 있다. 그런 기준에서 본다면, 우리는 혼자 있는 시간이 많다. 주변이 북적거리고 가족이나 친구들과 함께 있지만, 마음은 각자의 골방에 갇혀 있기 일쑤다. 주된 원인으로 미디어 환경을 지목할 수 있다. 거의 항상 접속해 있는 디지털 네드워크에 마음이 쏠려서 타인에게 무심해지기 쉬운 것이다. 그리고 코로나19로 비대면의 생활이 길어지면서 오프라인 관계는 더욱 소원해졌다.

'비대면'이라는 말은 오래전에 생겨난 개념이지만, 팬데믹 기간에 널리 통용되고 정착되었다. 이미 '온라인'이나 '사이버 공간'이라는 말이 있는데, 굳이 그 용어를 사용한 까닭은 무엇일까. 사회적 거리두기로 인해 각종 만남이 뜸해지면서 '대면'하지 않는 것이 새삼스럽게 느껴진 게 아닐까. 얼굴을 마주하는 시간이 줄고 그에 비례해 화면을 들여다보는 시간이 더욱 늘면, 타인에 대한 감각 또한 달라진다. 아울러 조직의 운영 원리나 사회의 작동 방식도 바뀔 수밖에 없다. 그 영향은 코로나19가 끝나도 지속될 것이다. 대면과 비대면은 다양한 방식으로 조합되고 교차되면서 사회적 연결을 변용시켜가는 것이다.

그런데 대면과 비대면이라는 이분법으로 모든 상황을 정의할 수 있을까. 관계 맺기와 소통에서는 겉으로 드러나는 현상보다 그 이면에서 움직이는 마음이 더 중요하다. 앞서 언급했듯이 몸은 함께 있어도 서로에게 주의를 기울이지 않는다면, 마음이 외로워진다. 반면 물리적으로 떨어져 있다 해도 온라인으로 내밀한 대화를 나눈다면, 함께 있다고 느껴진다. 그리고 줌 화상회의 시스템이 일상화되어 이제는 원격으로도 '대면'하는 일이 자연스러워졌다. '대면'과 '비대면'이라는 개념만으로 사회적 관계를 온전히 아우르기가 어려운 것이다.

따라서 이 책에서는 '외면'이라는 개념을 추가하고자 한다. 다른 사람을 외면하거나 누군가로부터 외면당하는 일은 종종 일어나는 경험이고, 거기에는 불편한 감정이 수반된다. 의식적이든 무의식적이든 얼굴을 돌리는 것은 상대방을 무시하거나 거부하는 몸짓으로 여겨지기 십상이다. 지인이 나를 보고도 못 본 척하거나 투명인간 취급을 할 때면 존재를 부정당하는 듯한 소외감 내지 모멸감을 느끼게 되고, 때론 분노가 치밀어 오르기도 한다. 그래서 어떤 상황에서든 외면은 인간관계를 엇나가게 한다. 인간적 상호작용이 뒤틀리고 마음이 오가는 통로가 막히기 때문이다.

외면이라는 단어는 사람을 소홀히 여기는 것만이 아니라, 무언가를 회피하거나 받아들이지 않는 태도를 뜻하기도 한다. 우리는 불편한 진실이나 고통스러운 현실을 애써 외면할 때가 많고, 권력자들은 민생 관련 정책이나 약자들의 요구를 흔히 외면한다. 사회가 거대하고 복잡해질수록 삶이 여러 공간으로 분절되며, 그 결과 시야에서 사라지는 사람들이 늘어난다. 비가시화는 사실상 성원권의 박탈로 이어진다. 다른 한편 미디어가 첨단화되면서 정보와 이미지가 폭주하게 되는데, 특정 집단에 대한 편견이 그를 통해 증폭되는 경향이 있다. 직접 대면하지 못하는 타자일수록 엉뚱한 모습으로 왜곡되기 쉬운 것이다.

이 책은 그러한 변화를 조감하면서 세상의 흐름을 짚어보려고 한다. 비대면 시대를 맞아 새삼스러워진 대면의 본질과 미덕을 되묻고자 한다. 얼굴을 마주한다는 것은 무엇인가. 눈을 맞추면서 교감하는 관계는 어떻게 가능한가. 넓어진 비대면 세계에서 연결은 어떻게 재구조화되고, 사람들 사이의 교류는 어떻게 변용되는가. 삶이 풍요로워지려면 사람과 사람이 어떻게 맺어져야 하는가. 서로에게 주의를 기울이는 힘은 어떻게 자라나는가. 장기화된 거리두기 속에서 사회적으로 외면당한 삶이 회복되는 길은 어디에 있는가. 이러한 질문들을 가지고 마음의 생태계를 조감하려 한다.

책의 「프롤로그」에서는 팬데믹 기간에 실시된 사회적 거리두기가 개인과 사회에 어떤 경험이었고 그것이 남긴 여파가 무엇인지 돌아본다. 어쩔 수 없이 서로 거리를 두게 되면서 타인이나 조직의 굴레에서 벗어나 홀가분해진 사람들이 있는가 하면, 관심과 돌봄의 사각지대로 밀려나 일상이 음울해진 사람들도 있다. 그러한 양극화가 어떤 사회적 맥락에서 생겨나는지를 살펴본다.

1부에서는 대면의 본질을 되묻고자 한다. 누군가를 대면할 때 우리는 상대방의 존재 자체를 마주하게 되는데, 그 상호작용의 얼개를 규명해보려 한다. 아울러 팬데믹 기간에 의무가 된 마스크 착용이 대면의 경험을 어떻게 바꾸어놓았고, 마스크에 대한 호불호가 동양과 서양에서 왜 다르게 나타나는지를 살펴본다.

2부에서는 점점 확장되고 다채로워지는 비대면 세계를 조감한다. 한국에서만 통용되는 개념인 비대면에는 여러 의미가 담겨 있는데, 크게 원격, 무인無人, 가상의 세 측면을 지닌다고 볼 수 있다. 여기서는 비대면 공간이 확장되는 일상을 돌아보면서, 디지털 미디어가 현실에 대한 감각을 어떻게 변용시키고 소통에 끼치는 영향이 무엇인지를 짚어볼 것이다.

3부에서는 대면의 반대 개념이 비대면이 아니라 외면이라는 전제를 바탕으로, 사람이나 현실을 직면하지 않으려는 현상을 다룬다. 사회가 거대해지고 분절화될수록 특정 집단의 존재가 감춰지는 경우가 많고, 두려움이나 혐오의 대상으로 여겨져 시야에서 추방되기도 한다. 다른 한편, 어릴 때부터 스크린에 너무 많이 노출되는 세대가 다른 사람과 눈을 맞추는 경험이 점점 줄어들면서 사회성 또한 쇠퇴하는 상황을 짚어본다.

4부에서는 어떤 대상을 온전히 주시할 때 마음에서 일어나는 움직임을 살펴본다. 그리고 창의성의 핵심 요건이 되는 관찰력이 어떻게 작동하는지를 구체적 사례들을 통해 확인한다. 응시의 힘이 올곧게 발휘되기 위해서는 자신의 관심을 제어함으로써 내면세계의 주인이 되는 마음의 기술이 필요하다. 거기에는 보이는 것을 넘어 보이지 않는 것을 통찰하는 지성이 요구되는데, 그 점에서 시각장애인들이 세계를 인식하는 방법이 많은 시사점을 던져준다.

5부에서는 사람들 사이의 관계가 회복되는 길을 모색한다. 우선 외로움이 심화되는 배경에 어떤 사회구조와 심리적 기제가 깔려 있는지를 분석하고, 극도의 고립감이 폭력으로 비화되는 경로를 규명한다. 아울러 팬데믹을 거쳐 오며 새삼 중요해진 면역력이 어떤 사회적 조건에서 증진될 수 있는지에 대해서도 고찰한다. 다른 한편, 자연과 우주를 응시하면서 솟아나는 심신의 기운이 우리의 삶과 인간관계를 풍요롭게 하는 경험을 성찰할 것이다.

이제 우리의 일상과 마음을 다각적으로 살피면서 관계의 기틀을 점검하는 작업이 요청된다. 위드코로나 시대를 살아가든 또 다른 팬데믹을 맞이하든, 의료적인 접근만으로는 한계가 분명하기 때문이다. 심리적 방역의 버전을 업그레이드하면서 사회적 면역력을 높이는 전략이 나와야 한다. 핵심은, 사람들 사이의 유대다. 마음이 담긴 눈길로 서로가 연결될 때 삶은 단단해진다. 우리는 어떤 생각과 정서를 공유하면서 무슨 경험을 함께 창조하는가. 몸으로 함께 있든 따로 있든, 서로를 온전히 맞아들이는 환대의 시공간을 빚어가야 한다.

얼마 전 시내에서 목격한 장면 하나가 떠오른다. 저녁 무렵 갑자기 쏟아진 폭우로 미처 우산을 준비하지 못한 행인들이 우왕좌왕하고 있는 와중에, 멀리서 젊은 여성 셋이 비를 맞으며

대면 비대면 외면

뛰어오고 있었다. 옷이 흠뻑 젖었지만, 희희낙락한 표정으로 깔깔 웃음을 터뜨렸다. 한 명은 아예 신발을 벗어 들고 춤을 추듯 깡충깡충 뛰어올랐다. 도시에서 국지성 소나기는 성가신 일이지만, 그들은 마치 한여름 도보 여행 중 들판 위에서 시원한 빗줄기를 만난 듯 신명 가득한 몸짓이었다.

그 모습을 바라보면서 생각해보았다. 만일 혼자 걷다가 비를 맞았다면 저렇게 할 수 있을까. 마음이 통하는 친구들과 함께 있기에 어린아이처럼 빗방울과 놀이를 할 수 있는 것 아닐까. 온몸이 젖어서 짜증 날 수 있는 경험을 일종의 축제처럼 승화시키는 힘은 서로를 든든하게 지켜주는 관계에서 생겨나는 것이리라. 삶의 토대가 점점 위태로워지는 지금, 우리에게 절실한 것 가운데 하나는 '안전 기지'다. 사랑과 자유가 공존하고 너와 내가 상생하는 우정의 마당이다. 사람이 사람을 살리는 관계에 대한 기억 또는 소망을 불러내면서 세상을 조금씩 '새로 고침'해나갈 수 있다면, 우리의 일상에 생기가 스며들 것이다. 이 책이 그 작업에 작은 보탬이 되길 바란다.

이 책은 애당초 시각적 체험을 중심으로 구상되었고, '보는 것과 보이는 것'이라는 제목으로 집필되었다. 그런데 원고를 다듬는 과정에서 사회적 만남으로 주제가 확대되다가, 코로나19를 겪으며 대면과 비대면의 교차 지점이 부각되고 외면이라는 키워드가 추가되었다. 여러 핵심 개념이 포개지다 보니, 글을 쓰는 입장에서도 초점이 헷갈릴 때가 많았다. 책을 마무리하면서도 여전히 미흡한 부분들이 눈에 띈다. 다행히 초고를 읽고 냉정하게 지적해준 아내 덕분에 조금 더 나은 방향으로 업그레이드할 수 있었다. 그리고 부실한 글을 꼼꼼하게 읽으면서 엉성한 구성, 애매한 문장, 부정확한 사실, 과장된 표현 등을 예리하게 짚어주신 박지현 편집자의 도움으로 가까스로 책의 꼴을 갖추게 되었다. 매번 최고의 정성을 기울여주시는 손길에 고마움을 전한다. 출간을 허락해주신 문학과지성사에도 깊이 감사드린다.

김찬호

대면 비대면 외면

차례

거리두기는 무엇이었는가

물리적 거리와 인간관계

우리가 오래 사귀는 친구들 가운데 상당수는 학창 시절에 만난 이들이다. 그런데 그들과 가까워진 이유는 무엇이었을까. 성격이 잘 맞고 생각이나 취향이 비슷한 것, 다양한 경험을 함께한 것 등을 꼽아볼 수 있다. 그러나 가장 많은 비중을 차지하는 이유를 생각해보면 의외로 단순하다. 교실에서 자리가 가깝게 배치되어 있었기 때문이다. 짝꿍이나 앞뒤에 앉은 급우들끼리 친구가 되기 쉽다. 반면, 맨 앞에 앉은 학생과 맨 뒤에 앉은 학생이 친하게 지내는 경우는 드물다. 집이 가까운 것도 중요한 요인이 될 수 있다. 등하굣길을 함께한다거나 방과 후에 동네에서 자주 어울려 다니다가 금방 '절친'이 되는 것이다.

이런 현상을 사회심리학에서는 '근접 효과proximity effect'라고 한다. 상대방이 가까이에 있는 것만으로 친해지고 매력을 느끼기 쉽다는 것이다(근접성 이외에 유사성, 상호 보완성, 보상성 등이 있다). 비슷한 개념으로 '단순 접촉 효과mere exposure effect'가 있는데, 단지 물리적으로 자주 접촉하기만 해도 서로 친숙해지고 호감이 늘어나면서 자연스럽게 가까워지는 것을 가리킨다. 접촉은 서먹하고 긴장하기 쉬운 초기의 관계 형성에서 중요한 요인으로 꼽힌다. 이웃이 먼 친척보다 더 가깝게 느껴지는 것, 캠퍼스 커플이나 사내 커플이 생기기 쉬운 것, 그리고 페이스북과 구글의 공동 창업자들처럼 기숙사 룸메이트나 박사과정 동기로 맺은 인연이 동업으로 이어지는 것도 근접 효과 때문이라고 할 수 있다.

이렇듯 물리적 거리는 인간관계에 중요한 변수로 작용한다. '근묵자흑近墨者黑'이라는 말이 있듯, 누구나 가까이에 있는 사람의 영향을 많이 받는다. 그런가 하면, 관계의 성격이 물리적 형태로 드러나기도 한다. 권위주의적 조직의 경우, 회의나 식사를 할 때 위계 서열에 따라 엄격하게 자리 배치를 하는 것을 예로 들 수 있다. 그런 조직에서는 권력자의 측근이 막강한 힘을 행사한다. 보스를 아무 때나 '접견'할 수 있고, 제삼자의 배석 없이 '독대'할 수 있다는 것만으로도 많은 일에 개입할 수 있기 때문이다. 그러므로 어떤 사람의 사회적 위치를 파악하려면 그가 누구를 자주 만나는가를 확인하면 된다.

타인과의 접촉 빈도와 사회적 관계는 일생을 통해 계속 변하기 마련이고, 동일 인물과의 관계도 시간이 지나면 달라질 수밖에 없다. 나이, 학교, 거주 환경, 심신의 건강, 직장 및 경제적 여건, 결혼 생활 등 여러 변수가 맞물린다. 이따금 뜻밖의 상황이 수많은 사람의 사회적 관계를 일시에 바꿔놓기도 하는데, 그 가운데 하나가 재난이다. 일본에서 후쿠시마 원전 사고로 주민들이 살던 곳을 떠나 대량 이주한 경우가 전형적인 사례이고, 코로나19와 같이 전염병이 장기화되면서 사람들의 접촉이 급격히 줄어드는 것도 또 다른 유형이 될 수 있다.

코로나19를 겪으며 정착된 개념으로 '사회적 거리두기social distancing'가 있다. 감염병을 막기 위해 사람들 사이에 간격을 두고 밀집도를 낮추는 것을 뜻한다. 그런데 그런 의미라면 '사회적'이라는 수식어가 별로 적합하지 않은 듯하다. '사회적 거리'를 두라는 메시지로 들리기 때문이다. (사회학에서 사회적 거리란 민족, 인종, 계급, 성적 지향 등에 따라 개인이나 집단 사이에 생겨나는 거리를 의미한다.) 그래서 세계보건기구WHO도 '물리적 거리두기physical distancing'로 대체하기를 제안한 바 있고, 한국 정부에서는 '생활 속 거리두기'라는 용어를 쓰기도 했다.

거리두기는 자가 격리, 재택근무, 온라인 수업, 타인과 두 팔 간격 떨어지기, 모임 인원 및 시간제한 등 여러 가지 방식으로 실행되었다. 의심 증세가 나타나거나 확진 판정을 받을 경우 외출을 삼가는 것부터 공공장소에서 밀접, 밀집, 밀폐의 상황을 피하고 대화를 최대한 줄이는 것에 이르기까지 그 스펙트럼이 넓다. 또한 접촉을 최소화하기 위해서 악수 대신 주먹 인사를 하는 습관이 정착되었고, 물품을 배달시킬 때도 문 앞에 놓고 가도록 하는 등의 세밀한 지침들이 지켜졌다.

이러한 실천 속에서 세상의 풍경이 많이 달라졌다. 우선 만남의 빈도가 줄었고, 만나더라도 회식 등의 비공식적 자리를 생략하는 식으로 시간을 최소한으로 잡는다. 그래서 우리가 그동안 즐겨온 떠들썩한 모임이나 북적이는 행사들이 다소 낯설어졌다. 사회 전체적으로 대면의 상호작용이 대폭 줄어들면서 일부 업종이 큰 타격을 입었고 많은 일자리가 사라졌다. 반면에 오프라인 접촉이 온라인 접촉으로 대거 전환되면서, 그동안 진행되어온 기술혁명이 더욱 가속화되어 세계의 얼개가 빠르게 바뀌었다. 이러한 흐름은 일상을 어떻게 변화시켰는가. 그 현실은 사회적 위치나 삶의 정황에 따라 어떻게 다르게 체감되었는가.

사회적 구속으로부터 해방

비상조치로 시작된 거리두기가 일상의 습관으로 정착되면서 '대인 기피'가 일종의 미덕이 된 듯한 느낌이 들 때가 있다. 나는 아파트 엘리베이터에서 만나는 주민들에게 가볍게 인사를 건네곤 했는데, 코로나19 이후에는 다소 어색해졌다. 도서관이나 학교에서 청소 노동자들에게 감사 표시를 하는 것도 주저하게 되었다. 어떤 건물의 엘리베이터에는 아예 '대화 금지'라고 쓰여 있기도 한데, 그런 분위기에 익숙해지면서 서로를 투명인간처럼 대하는 것이 예의로 여겨진 듯하다. 마스크도 중요한 요인으로 꼽힌다. 입을 가리고 있으면 서로의 미소를 알아보기 어렵고, 약간 먼 거리에서는 눈인사를 해도 상대방이 놓치기 십상이다. 그런 일이 몇 차례 반복되면서 친한 사이가 아니면 아예 눈길을 피하게 된다. 이른바 '미세 상호작용'이 차츰 사라졌다.

택시를 탈 때도 변화를 느낀다. 예전에는 승객에게 말을 거는 기사들이 종종 있었고, 신상에 관해 질문하거나 정치적 견해를 묻는 경우도 적지 않았다. 하지만 코로나19 이후 밀폐 공간에서는 대화를 최대한 자제해야 하기에 침묵이 자연스러워졌다. 이러한 변화에 아쉬움을 느끼기보다 편안하게 여기는 이들이 많다. 인구 밀도가 높은 한국 사회의 경우, 매일 수많은 사람과 부딪히다 보면 쉽게 피곤해지기 때문이다. 타인을 의식하지 않고 혼자서 자유롭게 머물 수 있는 시공간이 부족하다면 더욱 그렇다.

무엇보다 큰 변화는 지인들과의 관계에서 일어났다. 직장 회식, 동창 모임이나 친목회, 결혼식과 문상 등이 많이 줄어든 것이다. 코로나19 방역이 강화되면서 사적 모임이 동결되고 종교 집회도 비대면으로 전환되었으며, 사회 전반적으로 꼭 필요한 만남이 아니면 자제하는 분위기가 조성되었기 때문이다. 그런 가운데 인맥의 다이어트 또는 관계의 구조 조정이 자연스럽게 이뤄질 수 있었다. 사회관계망서비스SNS의 친구 목록에서 이름을 삭제하는 'unfriend'와 달리, 교신과 왕래가 뜸해지면서 인연이 서서히 지워지는 것이다. 번거로운 관계와 각종 허례허식의 구속에서 풀려나면 자신의 삶에 충실할 수 있는 여지가 많아진다.

다른 한편, 거리두기로 인해 급증한 재택근무가 직장인의 생활 세계를 크게 바꾸었다. 그동안 여러 가지 장점이 경험되었다. 출퇴근에 들어가는 시간과 에너지를 아낄 수 있어서 여유가 생긴 것, 사무실 분위기나 주변의 눈치를 살피지 않고 자신의 리듬으로 일을 진행할 수 있는 것, 화상회의에서 거추장스러운 격식이나 군더더기를 걷어내고 효율적으로 소통할 수 있는 것 등이 그러하다. 이러한 미덕이 새삼 확인되면서 원격 근무는 많은 회사에서 '뉴노멀'이 되었다. 그것은 좋은 인재를 끌어모으는 유인책으로도 활용되었는데, 어느 기업은 팬데믹 기간에 수요가 급증한 개발자를 구하기 위해 '원하는 날에만 사무실에 출근해도 좋다'라는 조건을 내세웠다.

물론 재택근무에는 긍정적 측면만 있는 것이 아니다. 우선 업무의 집중도가 떨어진다는 이야기를 많이 한다. 평소에는 옷을 차려입고 집을 나서면서 다른 몸으로 일의 세계에 진입하는데, 같은 공간에 계속 있다 보니 공과 사의 경계가 희미해지는 것이다. 돌봄이나 가사 노동을 겸하는 경우, 업무에 몰입하기가 더욱 어렵다. 소통의 효율성이 떨어지는 측면도 지적된다. 예를 들어 휴게실에서 커피 한잔 나누면서 잡담을 나누다가 아이디어를 떠올리는 가능성을 기대할 수 없기 때문이다. 뿐만 아니라 얼굴을 마주하면서 주고받는 미세한 신호들이 없으니 업무의 디테일을 놓칠 수 있다. 그 외에도 재택근무에는 여러 가지 어려움이나 리스크가 생길 수 있다. 관리자들이 직원들을 불신하게 되는 것, 인사 평가 제도의 수립이 어려워지는 것, 보안 문제가 발생하는 것, 직원들이 고립감을 느끼는 것, 신입사원의 교육이 쉽지 않은 것 등이 거론된다.

이러한 한계나 제약에도 불구하고 재택근무는 직장인의 시간을 유연하게 하면서 삶의 질을 높여준 측면이 크다. 무엇보다 직원들 사이에 기존과 다른 방식으로 일할 수 있다는 감각이 생겨났다. 따라서 코로나19가 수그러들어도 완전히 예전으로 돌아가기보다, 출근과 재택 또는 제3의 거점 근무지를 병행하는 '하이브리드 근무'가 선택 사항으로 도입될 가능성이 높다. 집이나 사무실이 아닌 장소에서 업무와 휴가를 병행하는 '워케이션'도 '포스트 재택근무'의 하나로 관심을 끌고 있다. 코로나19 기간에 '대퇴사The Great Resignation'를 경험한 미국에서는 기업이 유연함을 발휘하면서 일터를 매력적이고 효율적으로 변화시키지 않으면 인재들이 돌아오지 않는다는 것을 깨닫고 있다.

원격 근무가 정착하려면 여러 요소와 여건이 맞물려야 한다. '언제 어디서든 균일한 업무 환경'을 갖추는 것이 핵심으로, 업무에 필요한 여러 기능을 통합하여 단일한 허브에서 작동시킬 수 있는 툴이 다양하게 개발되고 있고, 3D 홀로그램을 활용한 증강 현실 기반의 버추얼 협업 플랫폼도 등장했다.* 그러한 도구들을 충분히 활용하고 직종의 특성과 기업의 풍토에 맞춰 시스템을 최적화하면서 조직 운영의 뉴노멀, 즉 새로운 표준을 만들어가야 한다. 관련된 제도를 정비하는 것도 중요한데, 예를 들어 원격 근무에도 산재를 적용하는 것이나 근무 시간 외에는 연락을 금지하는 등 유럽의 많은 나라에서 이미 추진되고 있다. 이러한 제반 요건들이 적절하게 갖춰지기 위해서 무엇보다 중요한 것은 조직 구성원들 사이의 신뢰다. 어디에 있든 근무 시간에는 업무에 온전히 몰입하는 자율성, 온/오프라인을 넘나들며 효율적으로 소통하고 협업하는 문화가 정착되어야 한다.

그런데 아쉬운 점이 있다면 원격 근무나 유연 근무가 전문직, 관리직, 사무기술직 등 일부 직종에서만 가능하다는 것이다. 의료진, 돌봄 노동자, 배달업자, 소방관 등 이른바 필수 노동자들은 재난 상황에서도 변함없이 사람들과 접촉했다. 필수 노동자란 미국의 로버트 라이시 교수가 코로나19에 의해 새로운 계급 분열이 일어났다면서 내놓은 개념으로,** 실직의 위험은 적지만 팬데믹 상황에서도 업무를 수행하느라 감염 위험에 노출

---

* 「사무실과 헤어질 결심, 3D 홀로그램·아바타가 돕는다」, 『중앙일보』 2022. 7. 6.
** 라이시 교수에 따르면, 코로나19로 인해 많은 사회가 '신카스트 시대'에 접어들었는데 원격 노동자The Remotes, 필수 노동자The Essentials, 무임금 노동자The Unpaid, 잊힌 사람들The Forgotten의 네 계급으로 나뉘게 되었다.

된 직종을 말한다. 미국에서는 필수 노동자를 'The Essentials,' 영국에서는 'key workers'라고 부른다. 코로나19는 사회가 유지되고 일상이 영위되는 데 핵심이 되는 일이 무엇인지, 그들에 대한 인식과 처우가 합당한지를 새삼 질문하게 해주었다.

사회적 안전망으로부터 추방

"교도소에서 최고 잘못한 죄수들을 독방에 보내잖아요. 독방도 보면 화장실이 있어요. 근데 우리는 잘못한 것도 없는데 왜 쪽방에 갇혀 있어야 하냐고요." 서울 용산구 동자동의 2평짜리 쪽방에 사는 주민의 말이다.* 2022년 3월 오미크론 전염이 폭증했을 때, 확진 판정을 받아도 생활치료센터에 들어갈 수 없는 이들이 많았다. 그 가운데 노숙인, 쪽방 및 고시원 거주민 같은 주거 취약 계층은 어려움이 더욱 컸다. 확진자가 폭증하면서 업무가 과중해진 보건당국이 제대로 안내를 하지 못한 채 결과적으로 다른 보완 조치 없이 자가 격리만 하도록 했기 때문인데, 비좁은 공간에서 종일 지내고 화장실도 이웃의 눈치를 보면서 최소한으로 이용하다 보면 몸과 마음이 더욱 쇠약해질 수밖에 없다.

---

* 「화장실도 없는 2평 쪽방… 자가 격리 어떻게 하란 겁니까」, 『경향신문』 2022. 3. 29.

'무연無緣사회'라는 말이 있다. 일본 NHK가 2010년 고독사에 대한 다큐멘터리를 방영하면서 붙인 제목으로, 일인 가구의 증가, 장기 불황과 대규모 청년 실직 등으로 인해 인간관계가 쇠약해지는 사회를 말한다. 타인들과의 연緣이 끊기고 가족과도 완전히 단절되어 외딴섬처럼 살아가는 사람들은 최근 한국에서도 빠르게 증가했다. 게다가 코로나19 방역을 위해 사회적 거리두기를 시행하는 동안, 이들의 삶은 더욱 고립되었다. 특히 홀로 지내는 어르신이나 요양원에 입원해 가족을 오랫동안 면회하지 못하는 경우 더욱 외롭고 답답하다. 다른 한편, 이주민들도 보건 의료 혜택을 제대로 받기 힘든 데다 의사소통마저 어려워 돌봄의 사각지대로 밀려난 경우가 많았다. 누구나 타인과의 친밀한 접촉 없이 오랫동안 생활하면, 건강이 나빠지는 것은 물론이고 인간적인 역량도 줄어든다.

　아동의 발달 상황도 심각하다. 2022년 1월 서울시 교육청이 공개한 2021년 건강검진 결과에 따르면, 서울 초·중·고교생의 32퍼센트가 과체중이거나 비만으로 나왔다. 코로나19가 발생하기 전인 2019년(26퍼센트)보다 5퍼센트포인트 넘게 늘어난 수치다. 등교가 줄어들고 체육 시설이 문을 닫으면서 활동량이 감소한 것, 비대면 수업으로 실내에서 주로 시간을 보내며 배달 음식, 간편식을 많이 먹게 된 것 등이 원인으로 지목된다. 신체적인 문제와 함께 사회성의 지체도 우려된다. 학교에 가지 못하고 집 밖에서 친구들과 어울리지도 못하면서 정신의 발달이 늦어진다. 그렇지 않아도 디지털 과몰입 때문에 사회적 지능 발달의 지체가 우려되었는데, 코로나19가 상황을 더욱 악화시켰다.

가정에서의 돌봄 노동도 가혹했다. 온라인 수업을 듣는 자녀와 온종일 집에서 지내야 하는 부모들의 스트레스는 점점 높아졌다. 치매 등을 앓는 환자나 장애아를 보살피는 이들의 고통도 한계 수준을 넘어서면서 비극적인 일들이 일어났다. 특히 발달장애인은 종일 실내에 고립되어 있다 보니 퇴행 증상을 보이거나 생활 리듬이 흐트러지는 경우가 많았다. 일례로, 어느 가정에서는 자폐 스펙트럼 장애가 있는 18세 아들이 한밤중에 일어나 집 안을 돌아다니는 일이 잦아 식구들을 지치게 했다고 한다. 가족이 책임지고 감당할 수 있는 돌봄의 범위는 어디까지인가.

또 한 가지 심각했던 문제가 있다. 외출을 줄이고 가족들끼리 지내는 시간이 늘어나면서 가정 폭력이 증가한 것이다. 국회입법조사처가 2022년 초 내놓은 자료에 의하면, 2021년 접근금지에 해당하는 임시조치(1~3호) 청구 건수는 6,697건으로 2020년(4,003건)과 비교해 65퍼센트 증가했다. 같은 기간 경찰의 긴급임시조치는 2,567건에서 3,864건으로 50퍼센트 늘었다. 외국도 사정이 비슷한데 미국, 유럽, 중국 등에서 봉쇄 이후 가정 폭력이 늘었다는 보고가 이어졌다. 『워싱턴포스트』에 따르면, 코로나19가 계속되며 불황이 지속되는 가운데 여성 실직자가 늘어나면서 남편에 대한 의존도가 높아졌고, 폭력을 당해도 피신하기 어려워진 것으로 보인다고 한다. 이런 현상을 가리켜 '섀도우 팬데믹shadow pandemic'이라고 하는데, 코로나 기간 동안 폐쇄된 가정에서 여성에 대한 폭력이 늘어난 것을 가리킨다.*

　이렇듯 거리두기는 사회적 안전망을 해체하여 삶을 피폐하게 하는 측면이 있다. 가정 폭력으로부터 벗어날 수 있는 통로와 완충지대가 줄어들고, 경로당의 폐쇄 등으로 인해 이웃 간에 교류를 하지 못하면서 외로움이 깊어졌다. 병원에 입원한 환자들도 병문안을 받지 못했다. (내 지인도 2022년 초 암으로 세상을 떠났는데, 1년 넘게 투병하는 동안 한 번도 찾아갈 수 없었다.) 고립무원의 상태에서는 건강도 위태로워지고, 경제력도 떨어지기 일쑤다. 사회적 연결망이 끊겨서 생계에 위협을 받고 그로 인한 불안과 스트레스가 몸에 악영향을 주는 경우도 많다. 결국 '고립'과 '빈곤'과 '질환' 사이에 악순환이 일어나는 것이다.

　이렇게 볼 때, 엄격한 사회적 거리두기는 초기에 감염이 확산되는 단계에서 필요한 조치였다. 하지만 그 조치가 장기화될수록 오히려 면역력을 떨어뜨리는 결과를 빚었을 가능성이 높다. 다행히 팬데믹에서 위드코로나 국면으로 접어들면서 사회적 거리두기는 해제되고 실외 마스크 착용 의무도 풀렸다. 이제

---

*　飯島裕子. 『(ルポ) コロナ禍で追いつめられる女性たち──深まる孤立と貧困』. 光文社. 2021. 222쪽.

과제는 거리두기의 후유증을 다스리는 일인데, 핵심은 인간적 유대를 복원하고 확장하는 것이다. 사람과 사람은 무엇으로 이어지는가. 마음이 오가는 길은 어떻게 열리는가. 삶이 연결되는 접점과 계기들을 다양하게 마련하고 사회의 토대를 새롭게 다지는 작업이 절실하다.

코로나19가 지나간다 해도 머지않아 또 다른 팬데믹이 창궐할 수 있다. 예전에 비정상으로 여겨지던 것이 정상으로 바뀌는 뉴노멀 시대, 이제 기존의 상식을 점검하면서 일상을 재구성해야 한다. 각종 재난으로 인한 비상사태를 슬기롭게 통과하려면 무엇이 삶의 기본 값(디폴트)이 되어야 하는지를 점검해야 한다. 촘촘하면서도 광범위한 사회 안전망을 유지하면서, 재해에 대비하는 시스템을 가동시킬 때 불확실성과 리스크를 최소화할 수 있다. 지속 가능한 문명으로의 전환을 도모하는 지혜와 동력은 사회 그 자체를 건실하게 꾸려가는 과정에서 우러나온다.

1부

대면

얼굴을 마주하는 오롯함

1

얼굴,
특별한 신체

정체가 담기는 그릇

「못생긴 남자」라는 연극이 있다. 독일 극작가 마리우스 폰 마이엔부르크Marius von Mayenburg의 작품으로 한국에서도 공연된 바 있다. 주인공은 회사에서 탁월한 능력을 발휘하지만 추한 외모가 결정적 단점이다. 타인에게 거부감을 준다는 이유로 자기가 개발한 상품의 프레젠테이션조차 하지 못한다. 그는 큰마음을 먹고 성형수술을 받는다. 다행히 결과가 좋아서 사람들에게 환심을 사고 직장에서도 승승장구하게 된다. 이에 의사는 그의 얼굴을 모델로 여러 사람을 시술해준다. 그 결과 얼마 지나지 않아 자신의 복제품들이 거리에 쏟아져 나온다. 주인공은 못생긴 남자에서 잘생긴 남자로 변신했지만, 얼굴을 잃어버린 남자가 되고 말았다. 그는 극심한 정체성 혼란에 빠지고, 원래의 얼굴을 되찾으려고 몸부림친다.

이 세상 어느 누구도 나와 얼굴이 똑같지 않다. 일란성 쌍둥이도 완전히 같지 않다. 지금까지 지구상에 등장했던 인류, 앞으로 태어날 인류 가운데서도 나와 똑같이 생긴 사람은 아무도 없다. 바로 거기에서 자신의 고유함이 확인된다. 인간에게 얼굴은 단순히 신체의 일부가 아니다. 정체성의 그릇이고 인격이 드러나는 통로다. 이 점을 새삼 주목한 철학자가 에마뉘엘 레비나스다. 그에 따르면, 얼굴은 일종의 '계시'처럼 스스로를 내보인다. 레비나스는 이렇게 말한다.

> 얼굴을 통해서 존재는 더 이상 그것의 형식에 갇혀 있지 않고 우리 자신 앞에 나타난다. 얼굴은 열려 있고 깊이를 얻으며 이 열려 있음을 통하여 개인적으로 자신을 보여준다. 얼굴은 존재가 그것의 동일성 속에서 스스로를 나타내는 다른 어떤 것으로 환원할 수 없는 방식이다.*

그에 따르면 인간은 한 사람 한 사람이 무한한 가능성을 지닌 고유한 존재이고, 타자의 존재 자체가 '윤리'의 근거가 된다. 그리고 타자의 심연에 도달할 수 있는 유일한 길은 바로 얼굴이

---

* 레비나스. 『어려운 자유』. 20쪽(강영안. 『타인의 얼굴 — 레비나스의 철학』. 문학과 지성사. 2005. 148쪽에서 재인용).

대면 비대면 외면

라고 주장한다. 얼굴은 그 사람의 품격을 가늠하게 하는 기호로 통용된다. 키케로가 "모든 것은 얼굴에 있다"라고 말한 것도 그런 생각과 일맥상통한다.

그러한 발상에서 관상觀相이라는 것도 나왔다. 사람의 생김새를 보고 성격, 기질, 생애 이력과 운명 등을 파악하는 점술의 역사는 길다. 영화 「관상」(한재림 감독)의 주인공(송강호 분)은 얼굴만 보고 상대방의 모든 것을 꿰뚫는 천재 관상가다. 그런데 인간은 누구나 아마추어 관상가로 살아간다. 1, 2초밖에 안 걸리는 첫인상으로도 그의 품성을 짐작하니까 말이다. 그뿐인가. 상대방이 나에 대해 어떤 감정을 갖고 있는지도 직관적으로 포착한다. 거기에는 어릴 때부터 축적된 경험이 활용된다.

타인에 대한 호감과 매력도 대부분 그의 얼굴을 통해서 느껴진다. 미인이라고 하면, 일단 얼굴이 예쁜 사람을 뜻한다. 키와 몸매는 그다음이다. 인간은 용모에 유난히 집착한다. 인간과 가장 가까운 침팬지조차 용모로 사회적 위신이 좌우되지는 않는다. 그에 비해 인간에게 얼굴은 곧 존재 자체로 여겨진다. 회화에서 '인물화'를 그릴 때, 얼굴이 거의 전부라고 할 수 있다. 얼굴을 생략하면서 사람을 표현하기는 어렵고, 아주 드물게 뒷모습을 그린 작품들이 있을 뿐이다.*

---

* 동료의 얼굴에 반응하는 것은 모든 영장류의 기본적 특징이지만, 인간만이 1만 년 전쯤 주요 문명들이 시작될 때 얼굴에 처음 관심을 가졌고 그것을 예술적으로 표현하기 시작했다(애덤 윌킨스, 『얼굴은 인간을 어떻게 진화시켰는가』, 김수

얼굴은 서로를 알아보는 '표지판'으로서, 인간관계의 기본 토대를 이룬다. 선천적 시각장애인도 손으로 얼굴을 만지면서 지인의 정체를 확인할 수 있다. 이목구비의 특정한 조합을 간파하는 능력은 타고난 것으로 여겨진다. 물론 다른 동물들도 얼굴로 상대를 식별하는 경우가 많지만, 인간은 그 데이터베이스가 엄청나다. 생김새를 말로 설명하는 것은 어렵지만, 그가 누구인지는 순간적으로 알아맞힌다. 심지어 시간이 한참 지나서 얼굴 모양이 변했는데도 알아보는 경우가 많다. 예를 들어 아이들은 엄마가 어릴 때 찍은 단체 사진에서 엄마를 찾아낼 수 있고, 기억력이 특별히 뛰어나지 않은 사람이라도 몇십 년 만에 만나는 동창을 알아본다.

사람의 정체를 얼굴로 확인하는 것은 사적인 영역에서만이 아니다. 신문이나 잡지에 실리는 글에는 대부분 필자의 이름과 함께 얼굴이 실리고, 세계 최대 SNS 플랫폼의 이름은 '페이스북facebook'이다. 인간의 사회생활은 얼굴의 노출을 전제로 성립된다. 신분증에는 반드시 얼굴 사진이 들어가고, 공항에서 탑승 수속을 밟거나 은행 업무를 볼 때, 대학 입시나 입사 시험을 치를 때도 얼굴로 본인 여부를 확인한다. 사고 등의 이유로 신체의 다른 부위가 완전히 달라진다 해도 얼굴만 동일하면 문제가 없다. 반대로 몸은 똑같은데 얼굴이 바뀌었다면 같은 인물로

민 옮김. 을유문화사. 2018, 31~32쪽).

여기지 않는다. 그래서 성형수술을 받으러 한국에 오는 외국인들은 병원에서 영문 소견서 형식의 '성형 확인증'을 발급받는데, 출국 수속 때 여권 사진과 다른 얼굴이어도 동일인임을 입증하기 위해서다.

우리 개개인의 신체에는 지문, 음성, 홍채, 손등의 혈관 모양 등 고유한 특징이 있고, 그것으로 본인을 판별할 수 있는 생체 인증 시스템도 점점 발달하고 있다. 하지만 사람들이 관계를 맺고 소통을 할 때, 여전히 얼굴이 가장 중요한 무늬로 남아 있다. 사회생활에서 1차적인 상호작용의 통로는 얼굴이다.

표정의 생태학

인간이 손으로 어떤 일을 하든, 그의 얼굴은 진실을 말한다.

— 윌리엄 셰익스피어

얼굴은 몸의 일부이면서 그 이상의 의미를 지닌다. 다른 신체 부위들은 상황에 따라 옷으로 감추어도 되고, 어떤 부위는 반드시 가려야 한다. 그에 비해 얼굴만큼은 평생 '나체'로 드러내야 한다. (다행히 웬만큼 추워도 얼굴은 얼지 않는다.) 서로의 얼굴을 온전히 보여주는 것은 대인 관계의 전제요 의무라고 할수 있다. 그러다가 사람이 숨을 거두면 흰 천으로 얼굴을 덮어준다. 그리고 입관식이나 일부 장례식장에서는 곱게 단장한 얼굴을 드러내 유족이나 조문객들이 마지막 인사를 할 수 있게끔 한다.

얼굴은 무엇인가? 그 어원을 살펴보면 '얼의 꼴'이라는 설이 있고, 얼이 들어오고 나가는 굴窟 즉 영혼의 통로라는 풀이도 있다. 어느 경우든 혼魂이 담긴 곳이라는 뜻을 품고 있다. '얼빠진' 사람이나 '얼간이'라는 표현에서 알 수 있듯, 제정신인지 아닌지는 얼굴의 상태로 즉각 확인되는 것이다. 그래서 우리는 누군가의 얼굴을 볼 때, 그 사람의 팔다리를 볼 때와 달리 물질성을 인지하는 데서 머물지 않는다. 겉으로 드러난 형상을 넘어 보이지 않는 정신에 접속하는 것이 대면의 핵심이다.

인간에게 대면은 삶의 기본 값이다. 태어나면서부터 깨어 있는 시간의 대부분을 누군가의 얼굴을 바라본다. 서로의 안색을 살피고 표정을 지으면서 감정의 통로를 만든다. 아기에게 타인의 얼굴은 세계 그 자체라고 할 수 있다. 그런 원초적 기억 때문일까. 아이들이 그림을 그리기 시작할 때 처음에는 아무렇게나 선을 긋다가 어느 정도 인지가 발달하면 특정한 대상을 의식적으로 묘사하는데, 이때 거의 모두 얼굴을 그린다. 원을 그리고 그 안에 점을 찍는 식으로, 매우 엉성하고 거칠지만 끊임없이 반복하면서 곧 정교하게 묘사하기 시작한다. 얼굴을 그리는 데 왜 그렇게 몰입하는가. 자신의 마음에 뿌리 깊게 각인된 형상을 직접 그려내면서 즐거워하는 것이리라.

대면 비대면 외면

"동그라미 그리려다 무심코 그린 얼굴"이라는 노랫말에서처럼, 성인이 되어서도 얼굴에 대한 관심은 시들지 않는다. 가령 눈사람을 만들 때 다른 부분은 대충 덩어리를 지어도 얼굴만큼은 정성 들여 눈, 코, 입을 꾸민다. 몸통과 손을 아무리 잘 만들어도 얼굴이 부실하면 좋은 작품으로 인정받기 어렵다. 주변 풍경이나 사물에서 얼굴을 발견하는 습관도 여러 문화권에 걸쳐 보편적인 듯하다. 예를 들어 자동차의 앞부분을 사람의 얼굴로 인식하거나 묘사하는 경우가 많다. 눈이 녹은 자국이나 구름이 빚어내는 모양 가운데 사람의 얼굴 비슷한 것이 눈에 띄면 흥분하면서 사진을 찍어낸다. 태풍의 한가운데 형성되는 큰 점을 '태풍의 눈'이라고 명명한다.

얼굴은 그 사람의 인생 여정을 엿볼 수 있게 해준다. 그것을 입증하는 흥미로운 실험이 있다. 자원자들에게 남편들과 아내들의 독사진을 한 무더기 주었는데, 결혼식 날 사진과 결혼 25주년 기념사진이었다. 그 사진들을 보고 누가 누구와 부부인지를 알아맞히는 것이 과제였다. 자원자들은 결혼식 날 사진으로는 부부를 찾아내기 어려워한 반면, 25주년 사진으로는 많이 적중시켰다. 부부가 오래 함께하면서 닮아가기 때문인데, 서로의 미소나 찌푸린 표정을 무의식적으로 모방한 결과 자주 사용하는 얼굴 근육과 사용하지 않는 근육이 인상을 비슷하게 만든다고 한다.*

소통하고 관계를 맺으면서 무의식적으로 상대방의 표정을

흉내 내는 데는 어떤 이유가 있을까. 과학 저널리스트 마르타 자라스카에 따르면, 그렇게 할 때 사회성과 신뢰성이 높아지고 혈중 코르티솔 수치가 낮아진다. 반면 표정을 제대로 지을 수 없으면 관계 맺기에 어려움이 따르는데, 그에 대해 다음과 같이 설명한다.

> 표정이 감정을 유발하거나 변화시킬 수 있다. 이를 안면 피드백 반응이라 한다. 보톡스 주사를 맞은 사람에게는 이 과정이 제대로 작동하지 않는다. 일부 얼굴 근육이 마비된 까닭에, 제대로 눈살을 찌푸리거나 미소를 지을 수가 없고 다른 사람의 감정을 흉내 내거나 동일시하기가 어렵다. 파킨슨병을 앓는 사람들을 관찰한 결과, 안면이 경직된 사람들은 친구 관계를 유지하는 데 어려움을 겪는다. 한편 만성 분노 억제에 관한 연구는 눈살을 찌푸리거나 코를 찡그려 자신이 얼마나 화났는지 드러내지 않으면 심혈관 문제로 이어질 수 있다고 말한다.**

표정이 감정을 유발한다는 것, 그래서 보톡스 주사나 신경 계통 질환으로 얼굴 근육이 마비되면 감정이 둔해진다는 것이 흥미롭다. 마음이 울적할 때 억지로라도 웃으면 기분이 나아지

---

*   마르타 자라스카, 『건강하게 나이 든다는 것』, 김영선 옮김, 어크로스, 2020, 250쪽.

**   같은 곳.

는 것도 마찬가지 원리로 설명할 수 있겠다. 결국 표정은 상대방뿐 아니라 자기 자신을 위한 것이기도 한데, 얼굴에서 우러나오는 마음의 파동이 자신에게도 감지되기 때문이다. 그리고 대화 중에 그 기운을 주고받으면서 서로가 촘촘하게 연결되어 있음을 느끼기 때문이다. 그런 점에서 얼굴은 그 자체로 하나의 언어라고 할 수 있다.

얼굴 이미지에 그토록 반짝이는 반응을 보이는 까닭은 인간의 어떤 속성이 투영된다고 느끼기 때문이리라. 얼굴은 그 사람 자신과 동일한 실체로 여겨진다. 그래서 우리는 한 번도 본 적 없는 누군가에 대해 이야기를 들을 때, 또는 라디오나 전화를 타고 모르는 사람의 목소리가 흘러나올 때, 자연스럽게 그 사람의 얼굴을 상상하게 된다. 누군가를 그리워하거나 오래전에 만났던 사람을 무심코 떠올릴 때도 마찬가지다. 몸매나 걸음걸이 같은 것을 연상하는 경우는 많지 않다.

이렇듯 인간의 얼굴은 해부학적 기능 이상의 의미를 갖는다. 거기에는 정신성과 사회성 내지 윤리성이 깃들어 있다. 얼굴은 인격의 그릇이고 사회적 자아의 표식이다. 얼굴과 관련된 다양한 표현이 그것을 증명한다. 낯가림, 안색, 면전面前, 면접, 면회, 면식, 면박, 무안無顔하다, 얼굴을 붉히다, 얼굴이 두껍다, 낯부끄럽다, 낯뜨겁다, 체면을 잃다lose one's face, 체면이 깎이다, 체면을 세우다save face, 면이 서다, 면목 없다, 얼굴에 똥칠을 하다, 얼굴빛 하나 변하지 않고, 후안무치厚顔無恥……

"우리가 돈이 없지, 가오가 없냐?"('가오'는 일본어로 얼굴을 뜻한다.) 영화 「베테랑」(류승완 감독)에 나오는 이 한마디는 얼굴과 자존심의 관계를 잘 드러낸다. 자신의 부끄러운 행적이 드러났을 때 고개를 떨구는 행위, 흉악범이 용의자 신분으로 경찰서에 끌려갈 때 모자와 마스크로 얼굴을 가린 모습, 어떤 놈인지 얼굴을 보아야겠으니 공개하라는 시민들의 요구…… 반면에 뭔가 자랑스러운 일을 해냈을 때는 고개를 세우고 얼굴을 당당하게 보여준다. '한국을 빛낸 얼굴들'과 같은 표현에서처럼 영예로움은 얼굴을 통해서 드러난다.

얼굴은 인격을 가늠하는 표식처럼 여겨진다. 그래서 누군가가 발언을 하면, 우리는 거의 반사적으로 고개를 돌려 그의 얼굴을 본다. 운전할 때도 앞차가 꾸물거리거나 차선을 갑자기 확 바꾸면, 그 차를 추월하면서 고개를 돌려 운전자의 얼굴을 확인하는 습관이 있다. 얼굴은 사람됨의 깊은 본질을 드러내는 바탕 화면이다. 인간의 존귀함이 상당 부분 사회적 차원에서 구현된다고 할 때, 타인이 나의 얼굴을 어떻게 바라보느냐에 따라 비참한 치욕의 바닥으로 추락하기도 하고 더없이 고결한 경지에 오르기도 한다. 타인 앞에 나를 드러내는 것, 누군가와 대면하는 것이 다소의 긴장을 수반하게 되는 까닭이 바로 거기에 있다.

대면 비대면 외면

대면했기에 차마……

『맹자』에 이런 일화가 나온다. 한번은 제선왕이 대전大殿에 앉아 있는데, 어떤 사람이 소를 끌고 지나가고 있었다. 왕이 그것을 보고 물었다. "그 소를 어디로 끌고 가느냐?" 그 사람은 "흔종釁鍾(새 종을 만들고 나면 소의 피를 바르는 일종의 종교의식)에 쓰려고 합니다"라고 대답했다. 그러자 왕이 "그 소를 놓아주어라. 부들부들 떨면서 죄 없이 도살장으로 끌려가는 모습을 나는 차마 보지 못하겠다"라고 했다. 그러자 그 사람이 물었다. "그러면 흔종을 취소할까요?" 왕이 대답하기를, 그렇게 할 수는 없고 소 대신 양으로 바꾸라고 했다.

맹자는 왜 이 이야기를 꺼냈을까. 제선왕이 패도霸道가 아닌 왕도王道를 실천할 자질이 있는지를 논하기 위해서였다. 백성들은 왕이 소를 아까워해서 양으로 바꾸라고 했다고 오해했다. 하지만 맹자는 다르게 해석한다. 왕은 소가 끌려가는 모습을 직접 보았지만, 양이 끌려가는 모습은 보지 못해서라는 것이다. 그리고 바로 그것이 인仁의 실천이라고 했다. 이에 대해 신영복 교수는 이렇게 풀이한다.

> 가장 핵심적인 것은 '본다'는 사실입니다. 본다는 것은 '만난다'는 것입니다. 보고〔見〕, 만나고〔友〕, 서로 안다〔知〕는 것입니다. 즉 '관계'를 의미합니다. 〔……〕 오늘날의 우리 사회는 만남

이 없는 사회라 할 수 있습니다. 우리들의 주변에서 '차마 있을 수 없는 일'이 버젓이 자행되는 이유가 바로 이 '만남의 부재'에서 비롯되는 것입니다. 〔……〕 관계가 없기 때문에 서로를 배려할 필요가 없는 것이지요. 2차대전 이후 전쟁이 더욱 잔혹해진 까닭이 바로 보지 않은 상태에서 대량 살상이 가능한 첨단 무기 때문이라고 하지요.*

대량 살상 무기가 없을 땐 얼굴을 보면서 총을 쏘아야 했는데, 그것이 쉬운 일은 아니다. 아무리 훈련을 시키고 군기를 잡아도, 살아 있는 사람이 눈앞에 나타나면 군인들은 대부분 방아쇠를 당기지 못한다. 실제로 미군이 아프가니스탄과 이라크 전쟁에서 사용한 총알과 사상자 수를 계산해보니, 한 명을 죽이는 데 약 25만 발이 소모되었다고 한다.** 격전을 벌이다 보면 무턱대고 쏘아대기 마련이라 총알이 많이 빗나가기도 하지만, 가까이에 적군이 있어도 일부러 엉뚱한 곳에 총을 쏜 탓도 컸던 것으로 추정된다. 그런 심리적 장애물을 없애는 방법은 두 가지다. 하나는 상대방을 괴물이나 악마로 여기도록 이데올로기를 주입하는 것이고, 다른 하나는 적군을 직접 마주하지 않으면서 죽일 수 있는 무기를 개발하는 것이다. 대면의 상황은 상대를

나와 똑같은 인간으로 볼 수밖에 없도록 만든다.

얼굴을 마주 보면서 관계가 맺어진다. 시선의 교환 속에서 인격이 체감된다. 사형수에게 용수라는 둥근 기구를 씌워 얼굴을 가리는데, 그의 눈을 보며 사형을 집행하기가 어렵기 때문이다. 그런 인지상정이 동물에게까지 확대된 것이 앞서 소개한 제선왕의 사례라고 할 수 있다. 소는 이미 대면을 했기 때문에 차마 도살되도록 내버려 둘 수가 없고, 양은 아직 그 모습을 못 보았기에 희생 제물로 대신 바치라고 명했던 것이다. 이 이야기를 거꾸로 뒤집으면, 눈으로 직접 보지 않은 것에 대해서는 상대적으로 인을 베풀기가 어렵다는 뜻도 된다. 사람끼리도 눈에 보이지 않으면, 짐승처럼 또는 짐승만도 못하게 취급하는 경우가 적지 않다. '비대면'이 '비인간화'로 이어지는 상황은 종종 목격되거나 경험된다.

비인간화는 여러 상황에서 벌어지는데, 주민들의 구체적 삶을 외면한 채 원칙과 기준만 따지며 일을 처리하는 탁상행정도 전형적인 사례다. 조직이나 시스템이 거대해질수록 관료주의가 만연하고 사람은 업무의 대상으로 전락하기 십상이다. 비대면이 비인간화로 이어지는 또 다른 예는, 노약자나 장애인, 빈곤층 등 사회적 취약 계층을 외면하는 것이다. 의식적이라기보다 무의식적으로 행해지는 경우가 많은데, 이는 생활공간의 변화와도 밀접하게 맞물려 있다. 과거에는 부자와 빈자가 한데 어우러져 사는 동네가 많았다면, 산업화·도시화가 진행되면서 아파트 단지가 늘어나고 경제 수준에 맞춰 거주지가 구획화되어갔다. 같은 단지 안에서도 평수에 따라 서열이 매겨지고, 임대 아파트 주민들과는 거리를 두려고 한다. 한때는 장애인도 마을에서 함께 살며 자연스럽게 눈에 띄었는데, 이제는 대부분 집 안에 감금되다시피 지내거나 시설에 격리되어 살아간다.

지금 우리는 각종 미디어를 통해 엄청난 볼거리를 접할 수 있지만, 세상과 맞닿는 접촉면은 오히려 점점 비좁아지는 듯하다. 특정 부류의 사람들이 시야에서 사라져 보이지 않는 사각지대blind spot가 여기저기에 생겨난다. 눈에 보이지 않게 되는 것은 무의미하고 하찮은 존재로 주변화되는 것이고, 투명인간으로 취급되면서 사회의 성원권이 박탈되는 것에 다름 아니다. 비대면에 수반되는 비인간화, 타인이 자신과 동등한 인격체가 아니라 사물로 대상화되는 것은 양극화가 심화되는 우리 사회의 중대한 도전이다. 점점 깊어지는 소외를 어떻게 극복해야 할까.

단지 얼굴을 마주하는 것만으로 상대방에 대한 생각과 감정이 달라질 수 있다. 신영복 교수는 한때 층간 소음에 시달린 적이 있었다. 고민 끝에 찾아낸 해법은 관계를 맺는 것이었다. 그는 윗집 아이를 집 앞 놀이터에서 만나 아이스크림을 사주며 이런저런 얘기를 나누었다. 그 후로는 위에서 시끄러운 소리가 들려와도 예전만큼 괴롭지 않고, 아이의 모습이 떠오르면서 흐뭇한 마음까지 들었다고 한다. 상황은 변하지 않았는데, 그 아이와

대면 비대면 외면

안면을 트고 이웃이 되었기에 좀더 너그러워진 것이다. 이렇듯 대면하게 되면 마음이 바뀌고, 그 결과 관계도 달라질 수 있다.

2

눈을 맞추고,
목소리를 내고

시선, 내면이 표출되는 통로

"사람됨을 살피는 데는 눈동자보다 더 좋은 것이 없다. 눈동
자는 그 사람의 악을 감추지 못한다. 마음이 바르면 눈동자가
맑고, 마음이 바르지 않으면 눈동자가 흐려진다. 그 사람의
말을 듣고 그 눈동자를 보는데, 어떻게 속마음을 감출 수 있
겠는가."

──『맹자』

아프리카 줄루족은 다른 사람을 만났을 때 '사우보나'라고
인사를 건넨다. '나는 당신을 봅니다'라는 뜻이라고 한다. 인사
를 받은 사람은 '옹기코나'라고 화답하는데 '예, 나도 당신을 봅
니다'라는 의미다. ('시크호나'라고도 답하는데 '내가 여기 있습니

대면 비대면 외면

다'라는 뜻이다.) 영어의 'See you again'이나 한국어의 '언제 한 번 보자' '찾아뵙고 싶습니다' 같은 말에서도 확인되듯이, 눈길은 관계 맺기의 회로가 된다. 여기에서 눈으로 본다는 것은 쌍방향적인 행위로, 서로를 알아보면서 소통의 체크인을 한다. 때로는 눈길을 주고받으며 살짝 고개를 끄덕이는 것으로도 인사가 된다. 대화를 나눌 때도 눈을 맞추는 것은 매우 중요하다. 경우에 따라서는 아무 말 없이 시선을 교환하는 것만으로 메시지를 전달할 수 있다.

관계 맺기와 소통이 생존에 긴요한 인간의 세계에서, 눈으로 보는 행위는 결정적 위상을 갖는다. 언어 표현에서도 그것이 확인되는데, 예를 들어 사람이나 일 따위의 비중을 가볍게 보아 업신여기거나 냉대할 때 '백안시'한다고 표현한다. 눈이 희게 될 정도로 눈을 흘긴다는 뜻이다. 그런가 하면 어린아이들은 친구를 놀릴 때 '얼레리꼴레리' 하면서 비웃는 눈길로 수치심을 자극한다. 어른의 세계에서도 '남부끄럽다'고 말하면 타인의 시선이 두려운 것이고, 뭔가 비위에 거슬리는 짓을 가리켜 '꼴불견' 또는 '목불인견'이라고 한다. 차마 눈 뜨고 볼 수 없다는 뜻이다. 주제 사라마구의 소설 『눈먼 자들의 도시』는 갑자기 눈이 멀어 서로를 볼 수 없게 된 사람들이 무절제하게 행동하는 모습을 다루는데, 인간의 사회생활에서 시선이 얼마나 절대적인지가 드러난다.

서로의 눈길을 일치시키지 않으면 마음의 문이 열리기 어렵다. 시선은 소통의 회로이기 때문이다. 얼굴이 신체의 일부 이상이듯, 눈도 얼굴의 일부 이상이다. 눈빛에는 말로 표현되지 못하는 정보가 가득 담겨 있다. 우리는 거기에서 상대방의 됨됨 이와 삶의 행적을 엿볼 수 있다.

마음은 얼굴빛으로 드러나고, 강렬한 의지는 눈빛으로 확인된다. 그래서 의기투합하거나 결의를 다질 때 서로의 눈길을 맞추는 것은 자연스럽다. 반면, 거짓말하는 사람이 시선을 자꾸만 피하는 것은 자신의 내심이 들킬까 봐 두려워서 그렇다. 똑바로 쳐다보고 거짓말을 하는 경우 눈을 자꾸만 깜빡인다고 하는데, 그 또한 마음을 감추려는 동작이다. 전문 사기꾼들은 그런 무의식적인 신체 반응을 제어하면서 감쪽같이 상대방을 속일 수 있다.

다른 한편 '눈이 뒤집혔다' '눈이 돌아갔다' 등의 표현에서 확인되듯이, 눈은 부정적 감정이 표출되는 통로가 되기도 한다. 존 스타인벡의 『분노의 포도』는 1930년대 미국의 경제 대공황기에 은행에 땅을 빼앗기고 서부로 이주했던 오클라호마 주민들의 삶을 그려낸 작품이다. 그중 최소한의 생존권을 부정당한 유랑민들의 심경을 눈동자에 초점을 맞춰 묘사하는 장면은 제목의 의미를 집약하고 있다. 캘리포니아에서 농산물과 가축이 과잉 생산되자 농장주들은 가격 하락을 막기 위해 마구잡이로 내다 버린다. 사람들이 강에 버려진 감자를 주워다가 굶주린 배를 채우려 하니 경비병들이 막아서고, 바닥에 떨어져 있는 오렌

대면 비대면 외면

지를 향해 다가가지만 휘발유가 뿌려져 있다. 그 장면을 바라보는 민중들의 심정을 작가는 이렇게 묘사한다.

> 사람들은 가만히 서서 물에 떠내려가는 감자를 바라본다. 도랑 속에서 죽임을 당해 생석회에 가려지는 돼지들의 비명에 귀를 기울인다. 산처럼 쌓인 오렌지가 썩어 문드러지는 것을 지켜본다. 사람들의 눈 속에 패배감이 있다. 굶주린 사람들의 눈 속에 점점 커져가는 분노가 있다. 분노의 포도가 사람들의 영혼을 가득 채우며 점점 익어간다. 수확기를 향해 점점 익어간다.*

우리가 일상에서 주고받는 눈빛은 무엇을 담고 있는가. 기선을 제압하기 위해서 뿜어내는 오만, 타인의 약점을 파고들어 들춰내는 모욕, 부나 지위로 사람의 높낮이를 매기는 속물근성, 권력자의 눈치를 살피는 굴욕감이 만연하지 않은가. 서로의 존재를 있는 그대로 품어주는 시선, 보이지 않는 덕성과 잠재력을 읽어내고 북돋아주는 격려의 눈빛…… 그것은 온전하게 연결되는 사랑에서 우러나온다. 거기에서 나 자신을 새롭게 마주하고 수용하는 용기도 생겨난다. "정말 사랑하는 사람은 내가 내 눈으로 사랑하는 상대를 보는 것이 아니라 사랑하는 사람의 눈을 통해 나를 본다." 철학자 알랭 드 보통의 말이다.

---

* 존 스타인벡,『분노의 포도 2』, 김승욱 옮김, 민음사, 2008, 255쪽.

눈 맞춤, 무언의 교감

공감 없는 세계는 마치 어두운 밤과도 같아서 누구도 그런 곳
에서는 타인의 얼굴을 바라볼 수 없을 것이다.

——이어령

시선의 오묘함을 느끼고 싶으면, 잠시 서로를 말없이 바라
보면 된다. 나는 예전에 어느 마음 수련 프로그램에 참여한 적
이 있는데, 두 명씩 짝을 지어 상대방의 눈을 조용히 응시하는
순서가 있었다. 그 1분 정도의 시간이 무척 길게 느껴졌다. 침묵
속에서 오롯이 시선만 교환하는 동안, 가슴에 스며오던 오묘한
감정이 지금도 선연하게 떠오른다. 아무 말을 하지 않기에 역설
적으로 모든 말이 오가는 듯한 느낌이 들었다.

그런 교감의 만남을 주선하는 프로젝트로, 2017년 EBS에
서 진행한 '공감 캠페인 눈 맞춤'이 있다. '상대방의 마음을 느낄
수 있는 가장 단순하고 강력한 방법'이라는 슬로건을 내세우며
기획된 이 캠페인은 몇 가지 방식으로 진행되었다. 그 가운데
하나는, 누군가가 자신과 눈 맞춰주기를 희망하는 사람이 공원
에서 행인들에게 자신의 소망을 전하고 자원을 받는 것이다. 예
를 들어 "7년간 달려온 무명 개그맨 아무개, 1분간 눈 맞춤으로
기억해주세요"라고 적힌 팻말을 들고 서 있으면, 지나가던 사
람들이 다가와 1분 동안 마주 앉아 서로를 바라본다. 초등학생

부터 노인에 이르기까지 많은 이들이 참여했는데, 그 짧은 시간 동안 무언의 격려를 보내면서 자신 역시 위로를 얻었다는 소감을 남기기도 했다.

또 다른 방식은, 참가자가 특별히 눈 맞춤 하고 싶은 사람을 정해서 자리를 마련하는 것이다. 인상에 남는 사례는 광주의 어느 가족으로, 남편과 갑자기 사별한 엄마는 어린 세 딸을 키우느라 슬픔을 애써 감추며 살아왔다. 그들은 아빠와 자주 놀러 갔던 청보리밭을 찾아가, 엄마와 한 명씩 번갈아 가며 1분 동안 눈 맞춤을 했다. 그동안 표현하지 못한 감정들이 솟구치면서 눈물이 흘렀고, 마지막에 포옹을 하면서 웃음이 오갔다.*

대화를 나눌 때 말하는 내용이 차지하는 비중은 10퍼센트에도 못 미친다고 한다. 비언어적 커뮤니케이션이 훨씬 중요하다는 말이다. 시선, 표정, 몸짓, 태도, 말투, 억양, 목소리 톤, 말의 속도 등이 그것인데, 이 가운데 시선과 표정의 비중이 절반 이상을 차지한다. 누군가가 떨떠름한 표정으로 나를 칭찬하는 것, 그리고 사랑스러운 표정으로 나를 놀리는 것을 비교해보자. 표정과 말이 일치하지 않을 때, 어느 쪽의 메시지를 접수하는가. 소통에서 감정의 비중은 절대적이고, 그 상당 부분은 몸으로 표현된다. 눈과 표정은 입만큼이나, 아니 그 이상으로 많은 말을 한다. 인간은 대면 그 자체만으로도 여러 가지 메시지를 주고받

---

* 유튜브로 '공감 캠페인 눈 맞춤 — 윤미라 가족'을 검색하면 볼 수 있다.

으며 소통하는 것이다.

　호의를 가지고 바라보는 눈길은 마음을 부드럽게 확장시킨다. 인간에게 그 첫 경험은 갓난아기 때 젖을 빨며 자연스럽게 엄마를 바라보는 가운데 이뤄지는데, 그러한 교감은 인간과 동물 사이에서도 가능하다. 아프리카 케냐에서 인간에게 희생당하는 야생동물들을 돌보아온 동물 양육 전문가 데임 대프니 셸드릭은 어미를 잃은 아기 코끼리에게 인공 수유를 처음으로 성공시켰다. 그것이 가능했던 것은 사육법과 우유 조제법이 뒷받침된 덕분이지만, 야생동물들에 대한 공감과 이해도 빼놓을 수 없다. 그가 수유하기 전에 반드시 거치는 순서가 있는데, 아기 코끼리를 오랫동안 바라보는 일이다. 그 조용한 응시를 통해 신뢰를 쌓을 수 있었다고 한다.[*]

　코끼리와의 관계에서도 그러할진대 인간들 사이에서 오가는 시선은 더욱 소중하다. 특히 어린아이들은 양육자와 마주 보는 눈길을 통해 마음의 힘을 키운다. 그런데 나이가 들면서 서로를 지긋이 바라보는 일이 점점 줄어든다. 대화가 오갈 때는 시선을 편안하게 맞추지만, 말이 잠시 끊길 때는 부담스럽다. 아무리 친한 사이라 해도 말없이 계속 쳐다본다면 불편해질 것이다. 그런 어색함을 지우기 위해 날씨 이야기를 꺼내거나 시선

---

[*]　그의 경험을 자전적으로 기록한 책이 있다. 데임 대프니 셸드릭. 『아프리칸 러브 스토리 ― 고아 코끼리들의 엄마, 그 경이로운 날들의 기록』. 오숙은 옮김. 문학동네. 2014.

을 다른 쪽으로 옮긴다. 말이 오가는 동안에도 너무 뚫어져라 쳐다보면 부담스럽다. 그래서 실제로는 상대의 눈에 시선을 완전히 고정시키지 않는다. 눈을 보다가 잠깐 다른 곳으로 시선을 돌렸다가 다시 눈을 보는 식으로 초점이 수시로 이동한다. 그만큼 눈은 독특한 신체 기관이다.

안과의사가 검진을 목적으로, 또는 친구가 눈에 들어간 이물질을 빼주기 위해 자세히 들여다볼 때의 눈은 신체의 일부에 지나지 않는다. 하지만 서로 소통할 때 바라보는 상대방의 눈은 단순한 지각의 대상이 아니다. 내가 보고 있는 그 눈은 동시에 나의 눈을 보고 있기 때문이다. 따라서 두 사람이 마주 볼 때, 그 시선의 역학은 복잡하다. 내가 상대방을 보는 것을 그 사람이 본다. 내 눈을 보는 그의 눈을 내가 보고, 그렇게 보고 있는 눈을 상대방이 또 보고…… 마치 두 개의 거울을 맞대면 거울 속에 거울이 끝없이 나타나듯, 마주 보는 시선은 무한의 연쇄 고리로 이어진다. 그리고 거기에 깃드는 여러 감정이 실시간으로 피드백되면서 대화의 분위기를 자아낸다. 어떤 감정은 증폭되기도 하고, 다른 감정은 상쇄되면서 사그라들기도 한다. 또는 전혀 새로운 감정이 우러나와 가슴을 맴돌기도 한다.

대화는 대면이다

내가 아는 어느 여성의 경험담이다. 지인의 소개로 미국에 거주하는 한 남성과 인연을 맺게 되었는데, 당장 만나기가 어려워 이메일로 대화를 이어갔다. 몇 번의 메일이 오가는 사이 연애 감정이 무르익었고, 그와의 온라인 접속은 생활의 커다란 기쁨이었다. 그렇게 몇 개월 동안 밀어를 주고받은 뒤, 그가 한국을 방문한다는 소식을 보내왔다. 드디어 가슴 설레는 대면이 이뤄지게 된 것이다. 하지만 첫 만남은 매우 당황스러웠다. 메일을 주고받으면서 마음에 품었던 이미지는 매우 세련되고 부드러웠는데, 막상 얼굴을 마주하고 이야기를 나눠보니 성품이 거칠고 까다롭게 느껴졌기 때문이다. 관계는 더 이상 이어지지 못했다.

사람과 사람이 얼굴을 마주하면 모종의 심리적 공간이 형성되고, 함께 있는 마음들이 어우러져 독특한 기운을 빚어낸다. 낯빛, 목소리, 옷차림, 물리적 환경 등에 따라 전혀 다른 분위기가 만들어진다. 이러한 대면 상황에서는 인격이 비교적 투명하고 생생하게 드러난다. 국가 최고 지도자들의 정상회담, 기업의 사원 채용이나 학교의 입학생 선발을 위한 면접, 결혼 상대를 찾기 위한 맞선, 군대에서 가족이나 지인을 접견하는 면회……이 모든 만남이 대면으로 이뤄지는 까닭은 상대방의 됨됨이를 느끼면서 생각과 마음을 나눌 수 있기 때문이다.

대면 상황에서 의사소통은 복합적으로 이뤄진다. 표정과 말투는 물론, 몸짓으로도 많은 신호를 주고받는다. 예를 들어 여러 사람이 둘러앉아 토론할 때, 다른 사람의 말에 반박하거나 자신의 의견을 보태려는 참가자는 무의식적으로 허리를 곧추세우면서 자세를 고쳐 앉는다. 능숙한 진행자는 그 미묘한 움직임을 포착하여 말을 청한다. 강의를 하거나 잡담을 나눌 때도 마찬가지다. 상대방이 내 말을 따라오고 있는지, 이야기를 계속 듣고 싶어 하는지가 얼굴 기색이나 몸동작으로 미세하게 드러난다. 대화의 센스가 있는 사람들은 그런 움직임들을 감지하며 템포를 조절하고, 반응이 시큰둥하면 화제를 바꾸기도 한다.

다른 사람의 말을 들을 때도 섬세한 촉수가 움직인다. 경청의 달인들은 상대방에게 귀를 기울이며 '으음' '그렇지' '정말?' 같은 추임새를 넣어줌으로써 말하는 사람의 기운을 북돋는다. 적절한 순간에 재치 있는 애드리브를 쳐주면서 감칠맛을 더하고, 상대방이 하고 싶어 하는 말을 포착하여 질문을 던지는 식으로 대화에 활력을 불어넣는다. 중요한 것은 타이밍이다. 사회생활에서 자주 강조되는 유머 감각도 결정적인 대목을 놓치지 않고 재치 있게 의미를 변주하는 순발력이 핵심이다. 말놀이의 즐거움을 누리려면, '지금 여기'에 온전히 머물러야 한다.

대화는 참여자들이 함께 내용을 빚어가는 역동적 과정이다. 그래서 이야기를 나누다 보면 의도치 않았던 주제가 튀어나오고, 의외의 방향으로 가지를 치기도 한다. 그것이 바로 대화의 즐거움이다. 사적인 대화만 그런 것이 아니다. 공식 행사에서 사회자가 미리 준비한 대본을 또박또박 읽어 내려가는 경우가 많은데, 그런 기계적인 역할 수행은 분위기를 경직시킨다. 그에 비해 인기 있는 토크쇼에서는 진행자가 핵심 내용만 염두에 두고 편안하게 이야기를 나누면서 자연스러운 흐름을 따라간다. 발표나 강의에서도 미리 준비해놓은 내용과 별도로, 갑자기 떠오르는 생각이나 예화를 덧붙이면 지루함이 덜하다. 즉흥성이 몰입도를 높여주는 것이다.

대화는 맥락을 함께 창출하는 과정이기도 하다. 글쓰기를 어려워하는 사람도 말로 하라고 하면 청산유수처럼 쏟아낼 수 있는 이유가 바로 거기에 있다. 얼굴을 마주하고 이야기를 나눌 때는 의미의 장場이 쉽게 생성되고 공감대도 잘 구축된다. 그래서 표정이나 억양만으로 중요한 메시지가 전달되기도 한다. 표현이 부실해도 다른 사람이 질문이나 첨언으로 보완해주고, 단어가 정확하지 않아도 눈치껏 해석한다. 속된 표현으로, 개떡같이 말해도 찰떡같이 알아듣는 것이다. 반면에 글의 경우, 개떡같이 썼는데 찰떡같이 읽어내기는 쉽지 않다. 실시간으로 공유하는 입체적 맥락이 없기 때문이다. 거기에서는 오직 글자만으로 메시지를 전달해야 한다. 따라서 문장을 정확하게 구성해야 하는데, 그것은 고도의 훈련을 요구한다.

인간의 말은 대면 상황에서 생성되고 진화해온 소통 체계다. 그렇기에 아이들이 말을 제대로 배우려면, 다른 사람들과 풍부하게 상호작용할 수 있어야 한다. 그 경험 없이는, 텔레비전이나 유튜브 시청을 아무리 많이 한들 언어 발달이 순조롭게 이뤄지지 않는다. 육아에서 얼굴을 마주하고 대화를 나누는 시간을 충분히 가져야 하는 이유다. 외국어 습득의 경우도 마찬가지다. 회화 능력을 키우려면 드라마나 애니메이션 같은 영상 시청도 도움이 되지만, 역시 외국인과 직접 대화하는 것이 지름길이다. 구체적인 상황과 맥락 속에서 언어의 뉘앙스를 보다 섬세하게 익힐 수 있기 때문이다.

대화는 '라이브 커뮤니케이션'이다. 눈 맞춤으로 마음을 접속하면서 공동의 세계를 창조하는 언어의 예술이다. 구불구불 이어지는 말, 더듬더듬 꿰어지는 생각으로 삶의 지평을 넓혀가는 작업이다. 그러한 시간을 함께 꾸려갈 수 있는 사람이 한 명이라도 있다면, 일상의 이런저런 괴로움과 어려움을 견디고 넘어서는 데 커다란 힘이 될 것이다. 대면으로 말을 주고받으면서, 우리는 '살아 있음'을 새삼 확인하게 된다.

3

호모 마스쿠스의
출현

입을 가리기 때문에

인류는 수많은 도구를 만들어 삶과 세상을 획기적으로 바꿔왔다. 그 가운데 가장 중요한 것들로 무엇을 꼽을 수 있을까? 내셔널지오그래픽 등의 기관이 전문가들과 함께 '인류의 위대한 발명품 10가지'를 선정하는 일이 종종 있는데, 그 목록은 대략 다음과 같다. 도자기, 바퀴, 나사, 칼, 종이, 연필, 페니실린, 인쇄기, 피임약, 단추, 비누, 컴퓨터, 비행기, 자동차, 증기기관, 전화, 전구, 나침반, 카메라, 배터리, 거울, 안경, 시계…… 대부분이 지금도 우리 생활에 필수 불가결한 물건들이다. 그런데 앞으로 그 목록에 반드시 들어가야 할 발명품이 있는데, 바로 마스크다. 마스크가 없었다면 코로나19는 훨씬 더 파괴적이었을 것이다.

대면 비대면 외면

2020년 이후 지구촌의 거의 모든 지역에서 마스크가 의무화되고, '호모 마스쿠스'라는 신조어가 나오기도 했다. 마스크를 쓰지 않고는 집 밖을 나갈 수가 없는 데다, 어쩌다 깜빡 잊고 나가면 옷을 걸치지 않고 나온 듯 놀라며 마스크를 챙기게 된다. 적어도 한국의 경우, 집 바깥 어디에서나 마스크를 쓰지 않은 사람을 보기 드물었다. 그래서 거리 풍경 등을 담은 사진이나 동영상을 볼 때, 사람들의 마스크 착용 여부에 따라 팬데믹 이전인지 이후인지를 쉽게 구분할 수 있다.

마스크를 착용하고 생활하는 데는 불편한 점이 많다. 호흡이 답답한 것, 끈이 끊어지는 것, 입김이나 콧물 등으로 습기가 차는 것, 그래서 예비용을 늘 챙겨 다녀야 하는 것 등이 그렇다. 그런가 하면 대화에도 지장을 준다. 보통은 발음이 좀 부정확해도 그럭저럭 알아들을 수 있지만, 미묘한 감정을 담은 말을 할 때는 어려움이 생긴다. 언어학자 로버트 파우저 교수의 말을 들어보자.

입 모양은 정확한 발성을 위해 소리에 따라 거의 무의식적으로 조절된다. 또는 정해진 소리 외에 말하는 이가 감정을 표현하기 위해 입을 조절할 수도 있다. 예를 들자면 한국인은 많은 외국인이 구별하기 어려운 '오'와 '어'를 대체로 정확하게 발음하지만, 같은 소리를 내면서도 입 모양은 감정에 따라 조절하곤 한다. 그런데 그 입을 마스크로 가리고 있으니, 듣는 사람은 상대의 입 모양을 볼 수 없어서 어쩐지 불안하고, 말하는 사람도 상대의 불안을 느끼게 되어 대화는 이어지지만 묘한 거리감이 생긴다. 결국 감정을 나누는 즐거운 대화라기보다 의미 전달 중심의 건조한 대화를 나누게 된다. 〔……〕 감정을 전달하는 데 효과적인 속삭임이나 낮고 부드러운 어조와 미소는 마스크를 꿰뚫기 어렵다. 마스크 때문에 목소리를 키울 수밖에 없는데, 크기와 내용이 맞지 않아 이질감을 느낄 때도 많다.*

마스크로 인한 소통의 장애는 아이들에게 더 큰 문제다. 마스크 때문에 아이들의 언어 습득이 늦어졌다는 이야기가 자주 들린다. 영·유아들이 말문이 트이기 시작하면 단기간에 비약적으로 언어능력이 신장되는데, 마스크로 얼굴을 가리면 대화가 줄어들 수밖에 없다. 음성언어만이 아니다. 상대방의 표정으로 감정을 읽기가 힘들어져 비언어적 소통에도 어려움을 겪는다. 바로 그런 이유로 코로나 발생률이 더 높았던 외국의 경우, 영·유아 및 아동에 한해서는 발달권과 건강권을 보장하기 위해 방역 수칙이 지켜지는 한도 내에서 마스크를 쓰지 않고 바깥 놀이를 하도록 했다.** 안전을 최대한 고려하면서도, 아이들의 발달

---

* 로버트 파우저. 「언어적 거리의 시대를 넘어」. 『한겨레』 2022. 1. 27.
** WHO가 팬데믹 기간에 내놓은 마스크 착용 권고안을 보면 5세 이하의 어린이는 마스크 착용 대상이 아니고, 6~11세 이상의 경우에도 환기 상태가 나쁘거나 1미터 거리두기가 불가능한 실내에서만 착용하도록 권유한다.

에 지장을 최소화하는 균형점을 찾는 것이 어렵고도 중요한 과제였다.

서양에서 마스크를 꺼리는 까닭

마스크는 오래전에 출현했다. 일찍이 로마 시대의 광산 노동자들이 유해 물질을 걸러내기 위해 동물의 방광 가죽으로 만든 마스크를 썼고, 16세기에 레오나르도 다빈치는 화학무기의 독성으로부터 호흡기를 보호하려고 젖은 천으로 마스크를 만들어 사용했다. 지금과 같은 형태의 마스크는 19세기 말에 등장했는데, 미생물학자 루이 파스퇴르가 공기 중에 떠다니는 미생물을 발견하면서 그로부터 몸을 지키기 위해 수술용으로 개발되었다가 차츰 일반인도 쓸 수 있도록 개조되었다. 1918년 5천만 명의 사망자를 발생시킨 스페인 독감이 유행했을 때, 마스크 덕분에 그나마 더 큰 피해를 막을 수 있었다고 한다.

그런데 당시에는 마스크 착용이 지금처럼 철저하지 않았다. 스페인 독감이 사람들의 목숨을 앗아가는 와중에도, 많은 남성이 마스크는 여성용이라 생각하면서 사용을 거부했다. 당국은 그러한 인식 개선을 위해 남성들이 마스크를 쓴 이미지를 광고나 만화 속에 집어넣기도 했다. 이번 코로나19 팬데믹 국면에서도 마스크에 대한 거부감이 나타났다. 미국과 유럽의 일부

국가에서는 권유를 넘어 강제 조치까지 취했지만 시민들이 따르지 않았고, 그로 인해 초기 방역에 큰 어려움을 겪었다. 의료진조차 일반인의 마스크 착용에 회의적이었으며, 의료진이 사용해야 할 마스크가 부족해져 질병 통제에 어려움이 생긴다는 주장도 제기되었다. 모두의 생존이 위태로운데도 왜 마스크를 꺼린 것일까?

우선 개인주의 문화를 거론할 수 있다. 근대사회에서 의복의 자유는 개인의 인권을 보장하는 구체적 징표다. 따라서 마스크 착용을 강제하는 것은 기본권을 침해하는 조치로 받아들여질 수 있다. 더 근본적으로는 사회적 맥락이 다르기 때문이다. 유럽에서 마스크는 환자들만 쓰는 것이라고 여기면서 아프면 집이나 병원에 머물러야지, 돌아다니면 다른 사람들에게 피해를 끼칠 수 있다고 생각하는 것이다. 자신과 타인을 보호하기 위해 쓰는 마스크가 질병의 표식으로 왜곡되는 상황에서 마스크를 쓰고 다니기는 쉽지 않다.

마스크에 대한 거부감에는 문화적 배경도 깔려 있다. 마스크를 쓴 모습에 대해 동양인보다 서양인이 더 불편함을 느끼는데, 이는 얼굴에서 입이 차지하는 위상의 차이와 관련된다. 입이 크게 그려지는 '미키 마우스'(이름 자체가 '마우스'다)에서 확인되듯, 서양에서는 입의 비중이 크다. 예를 들어 웃음을 나타내는 이모티콘을 보면, 동양에서는 '^^'로 눈 모양만 그리는 데 비해 서양에서는 ':)'로 입 모양을 강조한다. 일본에서 개발된 인기 캐릭터 헬로키티가 서양에서 별반 인기를 얻지 못한 것도 입이 없기 때문이라는 분석이 있다. 서양에서는 얼굴 인식이나 의사소통에서 입 모양이 중요하게 여겨진다. 동양의 경우 웃거나 수줍어할 때 손으로 입을 가리는 일이 많은데, 서양에서는 낯선 몸짓이다. 서양의 인기 영웅인 배트맨이나 조로도 마스크로 얼굴을 가릴 때 입은 꼭 드러낸다.

마스크에 대한 거부감에는 또 다른 맥락이 있다. 단어의 의미를 해부해보자. 우리는 '마스크'라고 하면 얼굴을 가리는 물건이나 산소마스크 등을 가리키는 데 비해, 영어에서 'mask'는 보다 폭넓은 의미를 품고 있다. 예를 들어 '가면' 외에도 '속임수'나 '겉치레' 같은 추상명사를 뜻한다. '감추다'라는 동사의 뜻도 있는데, 거기에 부정 접두어를 붙인 'unmask'는 '정체를 드러내다'라는 의미다. 그러니까 마스크는 뭔가 음흉한 의도를 은폐하는 가림막이라는 뉘앙스를 풍긴다. 한국어와 일본어에는 '복면'이라는 용어가 따로 있지만, 영어에서는 'mask'에 모두 포함된다(그래서 '복면강도'를 'masked burglar'라고 한다). 똑같이 '마스크'라는 단어를 사용하지만, 뉘앙스의 차이가 큰 것이다.

마스크에 대한 부정적 이미지는 역사적 경험을 통해 더욱 강화된 측면도 있다. 오랫동안 유럽과 대립해온 이슬람에서는 여성들이 히잡을 쓰고, 제2차 세계대전 이후 이슬람 출신의 수많은 이민자가 유럽에 정착하면서 그 문화를 유지해왔다. 그런 상황은 늘 긴장과 위화감을 자아냈으며, 급기야 프랑스에서는

2004년 공공장소에서 히잡이나 부르카의 착용을 금지하는 법률을 제정하기에 이르렀다. 사막의 유목문화에서 여성들을 보호하기 위해 생겨난 풍습이지만, 현대 도시에서는 오히려 타인에게 이질감과 경계심을 불러일으키기 때문이다.

미국의 경우에는 여러 주에서 제정·시행되고 있는 복면 금지법anti-mask law을 들 수 있다. 남북전쟁 이후 흑인들이 참정권을 얻게 되자, 그들의 투표 행위를 저지하기 위해 등장한 극우 테러 집단 KKK단이 하얀 복면을 써서 생겨난 법이다. KKK단 하면, 얼굴을 가린 채 눈만 뚫려 있는 복장이 바로 연상된다. 2020년 5월 캘리포니아주 샌디에이고에서 그런 차림으로 식료품 매장을 돌아다니던 남성이, 벗으라는 직원의 요청을 묵살하다가 경찰 조사까지 받은 일이 있다. 이렇듯 마스크는 극단적인 인종주의자의 이미지와 중첩되기도 한다.

동아시아의 경우

서양과 달리 동아시아 국가들은 팬데믹 기간에 마스크 착용에 적극적으로 협조했다. 그 배경은 무엇일까. 한국의 경우 2010년대 들어 미세먼지가 심해지면서, 그리고 일본은 봄마다 꽃가루 알레르기가 극성을 부린 탓에 마스크 착용이 익숙해진 것을 거론할 수 있다. 그런가 하면 사회학자 이철승 교수는 오랫동안 벼농사를 지으면서 형성된 집단주의 문화가 상호 감시의 기제를 작동시켰다는 점에 주목한다. 협동이 필수적인 벼농사 환경에서 형성된 '조율 시스템'은 홍수나 가뭄, 역병 같은 재난 시기에 일사불란하고 기민하게 그리고 반강제적으로 사회가 굴러가도록 제도화되었는데, 바로 그러한 문화 유전자가 코로나19 상황에서 작동했다는 것이다.*

물론 마스크 문화를 생존 환경만으로 설명할 수는 없다. 한국의 경우, 권위주의 시대의 신체 규율에 익숙해진 문화의 잔영도 영향을 주었다고 봐야 한다. 1970년대만 해도 길거리에서 경찰들이 미니스커트와 장발을 단속했고, 중·고등학교에서는 지금도 학교장의 재량으로 복장 규제와 두발 검사를 하는 경우가 많다. 권력이 몸을 관리하는 것은 개인을 효율적으로 지배하는 방식 가운데 하나다. 마스크 착용의 의무화는 그런 통제가 재현된 셈인데, 개인주의의 역사가 긴 서양에서는 상대적으로 저항감이 더 심했던 것 같다.

신체에 대한 통제의 측면에서 볼 때, 마스크는 여느 복장 규제보다 더 엄격했다. 마스크를 쓰지 않으면 지하철 탑승이나 실내 공간의 출입 자체가 불가능했으며, 마스크를 대충 써서 코가 조금만 드러나도 시설 운영자나 관계자들이 지적했다. 자신의 신체에 관해 지적받는 것은 누구에게나 자존심 상하는 일이지

---

* 이철승. 『쌀 재난 국가』. 문학과지성사. 2021. 190~200쪽.

만, 모두의 안전을 위해 불가피한 처사였다. 동아시아에서는 개인의 자유보다 공공의 안녕이 더 소중하다고 여기면서 기꺼이 규제를 받아들였다.

이어령 선생은 2021년 8월 서울대학교 후기 졸업식에서 축사를 전하며, 마스크 착용이 '이기심'와 '이타심'을 통합한 행동이었음을 이야기했다.

"오늘날 같은 경쟁 사회에서는 나〔自〕에게 득이 되는 것은 남〔他〕에게는 실失이 되고, 남에게 득이 되는 것이 나에게는 해가 되는 대립 관계로 형성되어 있었던 것이지요. 그래서 이것 아니면 저것의 이분법적 배제의 논리가 지배해왔던 까닭입니다. 하지만 신기하게도 코로나 팬데믹으로 우리는 마스크의 본질과 그 기능이 어느 한쪽이 아니라 양면을 모두 통합한 것이라는 사실을 발견하게 된 것입니다. '나를 위해 쓰는 마스크는 곧 남을 위해서 쓰는 마스크'라는 공생 관계는, 지금까지 생명의 진화를 먹고 먹히는 포식 관계에서 남을 착취하는 기생 관계로 해석해왔던 편견에서 벗어날 수 있게 한 것입니다."

침묵시위를 할 때나 외국에서 전사한 장병의 유해를 맞아들이는 의례를 치를 때 마스크를 쓰는 것에서 확인되듯, 마스크는 일종의 상징물로 사용되기도 한다. 코로나19로 인해 일제히 마스크를 쓰게 되었을 때도, 그것은 위생 용품이면서 동시에

대면 비대면 외면

'시위 용품'이기도 했다. 재난을 극복하겠다는 비장한 결의를 암묵적으로 주고받는 표식이었던 것이다. 마스크를 쓴 얼굴들을 마주 보며 우리가 남이 아니라는 것을 확인했다. 이어령 선생의 말대로 코로나19가 공생의 역설을 일깨워준 셈이다.

2022년 5월부터 한국에서는 사회적 거리두기가 해제되고, (제한적이나마) 실외 마스크 착용 의무가 풀렸다(같은 해 9월에 전면 해제되었다). 모두 환호를 지르면서 마스크를 벗어 던지고 거리를 활보할 것이라 예상했지만, 의외로 많은 사람이 계속 쓰고 다닌다. 왜 그럴까. 코로나19가 완전히 종식되지 않아서일 수 있고, 여전히 실내에서나 대중교통을 이용할 때는 착용해야 하기에 썼다 벗었다 하는 것이 귀찮아서일 수도 있다. 혹은 2년 넘게 착용하다 보니, 이제는 너무 익숙한 습관이 되어서일 수도 있다. 거기에 덧붙일 수 있는 또 다른 이유로, 얼굴을 가리는 것 자체에 대한 선호도 있을 듯하다.

우리는 자기 몸을 감추면서, 눈으로는 외부 세계를 조망할 수 있을 때 안전하다고 느낀다.* 강의실에서 뒷자리를 선호하거나 화상회의 때 카메라를 꺼놓고 싶어 하는 것도 이와 비슷한 심리다. 마스크를 쓰고 있으면 답답하지만, 다른 한편으로 얼굴을 최대한 가릴 수 있기에 편안하다. 얼굴 꾸밈에 공들이지 않아도

---

* 이를 가리켜 '조망-은신 이론prospect-refuge theory'이라고 하는데, 인간은 오래전부터 자기 몸을 숨기고 바깥을 드넓게 바라보는 공간을 선호한다는 것이다. 우리가 오래 머물고 싶은 장소들의 특징이 대체로 그러하다.

되고 대화를 할 때 신경을 덜 쓰게 되는 것도 중요한 요인인데, 수많은 사람을 만나며 피곤해지기 쉬운 도시 생활에서 특히 더하다. 때로 마스크는 자기 보호를 위한 장비로 기능하는 듯하다.

대면 비대면 외면

2부

비대면

나는 접속한다, 고로 존재한다

1

확장되는
비대면 세계

비대면의 개념과 역사

　2022년에 개봉한 하마구치 류스케 감독의 영화 「우연과 상상」은 세 편의 에피소드로 구성된 옴니버스 작품으로, 그 가운데 세번째 이야기 '다시 한번'은 컴퓨터 바이러스로 인해 일본 전역의 이메일이 해킹당하면서 각종 데이터가 무작위로 유출되고 모두가 전화나 전보로 소통하는 아날로그 상황을 배경으로 하고 있다. 영화를 보면서 컴퓨터 바이러스에 시달리던 시절이 문득 떠올랐다. 힘들여 작성한 문서나 글이 통째로 날아가고, 회사의 업무가 마비되는 일이 비일비재했다. 돌이켜보면 팬데믹 이전까지만 해도 '바이러스'라고 하면 컴퓨터 바이러스를 먼저 생각했고, '백신'도 거기에 대비하는 프로그램을 지칭했다.

　이런 상상을 해본다. 만일 코로나19만큼 치명적인 초강력

컴퓨터 바이러스가 유행해서 월드와이드웹을 파손한다면 어떤 일이 벌어질까. 인터넷이 끊겨 공공 기관과 기업, 은행을 멈춰 세우고 스마트폰조차 먹통으로 만들어버리는 악성 코드가 창궐한다면 정부는 어떤 조치를 취할 수 있을까. 온라인을 셧다운하면서 모든 업무와 수업과 만남을 오프라인으로 전환하도록 유도할 것이다. 재택근무가 불가능해지면서 출퇴근 교통이 더 붐비고, 신용카드 결제 시스템이 무너져 혼란과 불편이 가중될 것이다.

여기에 또 다른 상상을 덧붙여본다. 만일 인터넷이 없었던 시절에 코로나19 팬데믹이 발생했다면 어떻게 되었을까. 또는 코로나19와 동시에 막강한 컴퓨터 바이러스가 유행했다면? 그 충격과 피해는 지금과 비교되지 않을 만큼 엄청났을 것이다. QR코드 체크와 확진자 동선 추적 등이 원활하지 않아 방역이 매우 부실했을 것이고, 물품 주문이나 온라인 수업 등이 이뤄지지 않아 일상생활에 막대한 지장이 생겼을 것이 분명하다. 팬데믹으로 대면이 막혔을 때, 상당 부분 비대면으로 대신하고 보완할 수 있어서 얼마나 다행이었는가.

비대면非對面. '서로 얼굴을 마주 보고 대하지 않음'이라는 뜻으로, 그런 조어는 한국어에만 있다. '비대면'을 영어로 옮기면 'non-face-to-face'이나 실제로 거의 쓰이지 않고, 'on-line'이나 'virtual'(가상의)이라는 단어를 쓴다. 한자 문화권에서는 어떤가. 일본어에서는 '대면'이라는 말을 우리와 똑같이 사용하지

대면 비대면 외면

만 '비대면'이라는 말은 없다. 중국어에서 '対面'은 '맞은편'이라는 의미를 지니고, 한국어의 대면에 해당하는 말은 '견면見面'이나 '면대면面対面'인데 거기에 비非자를 붙여 반대말을 만들지는 않았다. 이렇게 볼 때 '비대면'은 한국에서 생겨난 독특한 용어다.

비대면과 거의 동의어처럼 쓰이는 말로 '언택트'가 있다. 이 단어는 'uncontact'라는 콩글리시(영어에서는 'non-contact'라는 표현을 쓴다)를 줄인 또 하나의 콩글리시다. 그런데 엄밀하게 말하면 '비대면'과 '언택트'(또는 non-contact)는 동의어가 아니다. '얼굴을 마주하지 않는 것'과 '신체 접촉이 없는 것'은 약간 다르기 때문이다. (예를 들어 화상회의 시스템의 경우, 몸은 떨어져 있어도 얼굴은 마주 볼 수 있다.) 그러나 물리적 접촉을 하지 않고 연결한다는 의미에서는 비슷한 개념으로 간주할 수 있겠다. 비대면과 언택트는 둘 다 원격으로 소통하고 교류하는 것을 가리킨다.

그렇다면 비대면은 언제부터 시작되었을까. 사람들이 직접 만나지 않고 무언가를 주고받는 것으로 말한다면, 아득한 옛날 누군가가 제삼자를 통해 물건을 전달하면서부터였다고 할 수 있다. 다른 동물들에게는 그런 경험이 있을 수 없고, 오직 인간만 타인을 대신해서 물건을 가져다준다. 언어가 정교해지고 멀리 떨어진 집단들 사이에 인적 왕래와 물물교환이 가능해지면서 '배달'이 시작되었을 것이다. 그렇게 따지면 비대면의 역사는 인류사만큼이나 오래되었다고 할 수 있다.

그러다가 물건뿐만 아니라 정보도 비대면으로 전달하고 원격으로 소통하기 시작했는데, 문자의 발명이 정확한 시발점이 된다. 이로써 멀리 떨어진 곳에 메시지를 전파할 수 있을뿐더러 후세에 기록을 남길 수 있게 되었으며, 15세기 들어서는 인쇄술의 발명으로 대량 전달 또한 가능해졌다. 19세기에 이르러 전신과 전화가 널리 보급되면서 실시간 원격 통신의 시대에 접어들었고, 20세기 라디오와 텔레비전의 시대를 거쳐 21세기에 인터넷이 열리면서 비대면 공간의 빅뱅이 일어났다.

인터넷 세상은 2007년 스마트폰의 등장으로 새로운 궤도에 진입하는 한편, 인공지능으로 대표되는 디지털 혁명(이른바 제4차 산업혁명)과 맞물리면서 새로운 차원으로 확장되기 시작했다. 이후 비대면 공간이 엄청나게 넓어진 데다 그 성격도 달라졌는데, 핵심은 데이터다. 신체 활동에서 대인 소통과 구매 행동에 이르기까지 삶 전반이 온라인과 연계되어가면서 사회는 점점 더 투명해진다. 우리의 많은 행적이 자동으로 어딘가에 기록되기 때문이다. 그 결과 어떤 변화가 일어나는가. 경영 컨설턴트 김용섭 소장은 다음과 같이 말한다.

비대면은 얼굴을 직접 안 보는 게 핵심이 아니라 디지털 기반으로 모든 과정이 데이터로 남는다는 것이 핵심입니다. 데이터는 투명하게 공개가 되기 때문에 뇌물을 주기도 담합을 하기도 어렵습니다. 한국식 인맥 쌓기에 능한 기성세대는 비대면 때문에 손해 본다고 여기기도 하는데, 그게 아니라 잘못된 관행을 바로잡는 과정으로 이해해야 합니다. 특히 젊은 세대는 나이 서열화와 수직적 위계질서가 주는 피로감과 비효율성에 저항하고 있습니다. 이 역시 세대의 문제가 아니라 시대의 변화로 받아들여야 합니다.*

인류의 역사를 통틀어 비대면의 소통은 꾸준하게 증가했고, 근대 이후 미디어의 발달과 함께 확장되다가 21세기 디지털 혁명을 통해 전혀 새로운 공간으로 진화했다. 최근에 변용되는 비대면 공간은 기존의 위계와 관행을 자연스럽게 해체하면서 새로운 사회질서를 생성한다. 그에 대한 저항도 있지만, 합리적으로 변화하는 시대적 흐름을 거스르기는 어렵다. 다른 한편 비대면 시스템의 확대는 새로운 위험을 수반하는데, 국가나 자본이 개인에 관한 데이터를 체제 유지나 이윤 창출의 도구로 사용하는 것이다. 코로나19 기간에 확진자의 동선 공개를 둘러싸고 찬반 논쟁이 일어났듯이, 공공의 안전과 개인의 프라이버시 사이에는 일정한 긴장이 항시 존재한다.

---

* 김용섭. 「비대면의 역전」. 김누리 외. 『코로나 사피엔스, 새로운 도약』. 인플루엔셜. 2021. 211쪽.

비대면의 세 얼굴—원격, 무인無人, 가상

우리가 쓰는 말에는 '비대면'처럼 '비非'라는 접두어가 붙은 단어들이 많다. 비정규직, 비정부기구NGO, 비수도권, 비혼 등을 꼽을 수 있는데, 어떤 대상을 명확하게 지시하는 대신 '무엇이 아닌' 여집합으로 성립되는 개념이다. 따라서 '비○○'는 '○○'보다 범위가 더 넓을 수밖에 없다. 예를 들어 '비정규직'은 정규직보다 훨씬 유형이 다양하고, '비정부기구'는 기업과 민간단체 등 여러 주체를 가리키며, '비수도권'은 수도권보다 공간적 부피가 더 클 뿐 아니라 지역의 성격과 여건도 상이하다. 그리고 '비혼'은 아직 결혼하지 않은 미혼부터 결혼 자체를 거부하는 독신주의에 이르기까지 스펙트럼이 넓다.

비대면도 마찬가지여서, '대면'이 아닌 것의 의미는 매우 포괄적이다. 테크놀로지의 혁신 속에서 얼굴을 마주하지 않고도 상호작용하거나 사회 활동을 하는 경험이 점점 다채로워지고 있기 때문이다. 여기에서는 그것을 크게 세 가지 측면으로 나눠 살펴보려고 한다.

첫째, 원격이다. 앞서 최초의 비대면은 물건이나 메시지를 멀리 전달하면서 시작되었다고 말했는데, 문명의 발달과 함께 공간적 제약을 극복하는 기술이 끊임없이 혁신되었다. 영어로 '멀리 떨어져서 움직이거나 작동한다'는 뜻의 접두어 'tele'가 붙은 도구들을 떠올려보자. 19세기 후반에 등장한 전신telegram,

20세기 인류의 삶을 바꾼 전화telephone와 TVtelevision는 누구나 '텔레파시'를 구사할 수 있게 해주었다. 그리고 21세기 들어 확산된 인터넷과 월드와이드웹은 말 그대로 세계를 하나의 네트워크로 통합시키면서 통신의 물리적 장벽을 거의 다 허물어버렸다. 옆방에 있든, 지구 정반대 편에 있든 인터넷 공간에서는 차이가 없을뿐더러 이메일이나 SNS 등을 사용할 때 추가 비용도 들지 않는다. 1990년대까지만 해도 비싼 요금 탓에 국제전화를 쉽게 걸지 못했는데, 이제는 무료 영상 통화를 얼마든지 할 수 있는 세상이 되었다.

　시간과 장소에 구애받지 않고 자유롭게 온라인에 접속할 수 있는 유비쿼터스 환경에서, 인터넷은 사회생활의 많은 부분을 영위하는 토대가 되었다. 재택근무, 온라인 회의, 온라인 수업, 온라인 면접, 온라인 예배, 랜선 공연, 랜선 패션쇼, 원격 의료, 원격 영상 재판…… 팬데믹 기간에 정착된 '비대면'이라는 용어는 이러한 활동을 아우르는 개념으로 널리 쓰이면서 '원격'의 동의어처럼 되었다. 엄밀히 말해 '원격'과 '비대면'은 다른 개념이지만(이 점에 대해서는 책의 2부 3장에서 자세히 논의하겠다), 사회적으로는 비슷한 의미로 통용되고 있다.

　비대면의 두번째 측면은 '무인無人'이다. '안하무인' '무인도' 등의 표현 말고는 자주 쓰이지 않던 이 말이 새롭게 사용된 것은 '무인텔'이었다. 무인텔은 입실과 퇴실을 관리하는 직원이 없고 이용자가 기계를 사용하여 직접 객실을 선택하고 대금을 지불하는 숙박업소를 지칭하는데, 얼굴 노출을 피하고 싶은 손님들에게 인기를 끈다. 여기에서 '무인'은 '판매자가 없다'라는 뜻이고, 그 원조는 커피나 음료수의 자동판매기다. 지금 무인 시스템은 서비스나 유통 업계에서 인건비 절감을 위해 대거 도입되었으며 셀프 주유소, 음식점의 주문 키오스크, 대형마트의 무인 계산대, 무인 우체국, 무인 민원 발급기, 온라인 뱅킹, 서빙 로봇 등이 대표적인 사례다. 최근에는 기업이나 공공 기관에서도 자동 음성 안내 시스템을 도입함에 따라, 고객이 여러 차례 번호를 눌러가면서 '노동'을 해야 상담원과 통화할 수 있는 경우가 많다.

무인 시스템은 이제 모바일 인터넷과 결합하여 새로운 차원으로 나아가고 있다. 예를 들어 타이어를 교체할 경우, 관련 사이트에 들어가 자동차가 주차된 곳을 알려주고 결제만 하면 담당 직원이 찾아와서 작업을 완료하고 돌아간다. 이렇듯 사람과 아예 접촉하지 않고 상품이나 서비스를 구매하는 방식은 사회적 거리두기가 시행되면서 더욱 확대되었는데, 여기에서는 '비대면' 내지 '언택트'가 완벽하게 구현되고 있다고 볼 수 있다. '원격' 통신의 경우 상대방의 얼굴이 보이거나 목소리나 문자 등의 형태로 그 존재가 체감되는 데 비해, '무인' 시스템에서는 오직 기계만을 상대하기 때문이다.

문제는, 이러한 변화가 노인을 비롯해 디지털에 익숙하지 않은 사람들을 소외시키기 쉽다는 점이다. 매장에서 주문이나

대면 비대면 외면

결제 기기를 빨리 다루지 못해 시간이 지체되면, 뒷사람의 눈치를 보게 되는 상황이 종종 벌어진다. 무인 시스템이 확대되면서 산업 지형에도 변화가 생겼는데, 디지털 기반 산업과 아날로그 의존형 산업 사이의 격차 또한 점점 심화되고 있다. 다른 한편 물품 결제, 건물 출입문 통과 등에 안면 인식 기술이 도입되면서 개인의 생체 정보가 유출되는 것도 새로운 문제로 대두된다. 실제로 다른 사람의 얼굴을 도용하려는 사람들에게 얼굴 사진이나 복제 가면(중국에서 안면 인식 시스템을 속이기 위해 다른 사람의 얼굴과 똑같은 모습으로 제작된 가면)을 불법으로 판매하는 일이 버젓이 자행되고 있다. '비대면'의 첨단 시스템에서 얼굴이 핵심 데이터가 된다는 것이 아이러니하다.

비대면의 세번째 측면은 '가상'이다. 가상이라고 하면 최근 뉴스에 자주 오르내리는 가상 화폐가 먼저 연상되지만, 그 뿌리에는 '가상현실virtual reality'이라는 토대가 있다. 가상현실이란, 컴퓨터 기술을 통해 인간의 오감을 자극하여 만들어지는 또 다른 현실이다. 삼차원의 공간에서 실시간으로 움직이며 몰입하는 것이 특징으로, 항공기의 조종 훈련이나 탑승 체험 등을 위해 개발된 비행 시뮬레이션이 대표적인 예라고 할 수 있다. 가상현실의 여러 분야 가운데 빼놓을 수 없는 것이 증강현실AR로서, 실제 존재하는 환경에 가상의 사물이나 정보를 합성하여 마치 원래 존재하는 사물처럼 보이도록 하는 컴퓨터 그래픽 기법을 이른다. 그리고 최근에는 메타버스가 각광을 받고 있는데

AR, VR, 사물 인터넷 등이 결합되고 현실과 비현실이 상호작용하는 가운데 소비, 놀이, 업무 등 여러 가지 사회적 활동을 할 수 있는 삼차원의 디지털 가상 세계를 가리킨다.* 일부 기업에서는 직원들이 메타버스 플랫폼에 접속하여 아바타가 자기 대신 사무실로 출근하는 '메타버스 재택근무'를 도입했고, 단순 재택근무와 달리 소속감을 느낄 수 있으며 업무의 효율도 높아졌다고 평가된다.

가상현실은 일종의 허상이지만, 실제처럼 느끼도록 만들어준다. 그래서 거기에 오래 머물다 보면 '현실'에 대한 감각이 달라진다. 어느 여성에게서 들은 이야기다. 아홉 살짜리 딸아이가 제페토에서 만든 마인크래프트(삼차원 세계를 무대로 채집, 물품 제작, 건축, 토공 등의 활동을 네모난 블록으로 직접 제작하고 즐기는 게임) 세상을 엄마에게 보여주고 싶어 했다. 엄마는 아이가 켜놓은 화면을 보면서 잘 만들었다고 칭찬해주었다. 그런데 아이는 만족하지 않았다. 엄마도 마인크래프트 캐릭터의 모습을 하고 제페토 안으로 들어오기를 원했던 것이다. 엄마는 아이와 나란히 앉아 같은 화면을 보고 있으니 경험을 공유하고 있다고 생각했지만, 아이는 자신이 만든 가상 세계 안에 엄마가 들어와서 보는 것이 진짜라고 여겼다. 아이가 생각하는 '함께'와

---

* 메타버스의 의미를 규명하려면 '가상'과 '현실'의 개념을 살펴야 하는데, 이에 대해 인문학자 김동훈이 「가상세계에 편중된 메타버스, 현실도피 위험 크다」(『중앙일보』 2022. 5. 21)에서 체계적으로 정리하고 있다.

'진짜'의 의미가 달랐던 것이다.

실제와 비슷하지만 실제가 아닌 것의 위력은 막강하다. 예술이나 종교 등 인간이 오래전부터 구축해온 상징 세계가 원체 그런 속성을 갖고 있지만, 컴퓨터 기반의 사이버 공간이 출현한 이후 '가상'과 '현실'의 조합은 한결 절묘해지고 더욱 다채로워졌다. 예를 들어 유튜브에서 'AI 인플루언서' '메타버스 아이돌' '버추얼 휴먼'(인공지능과 첨단 그래픽 기술을 기반으로 만든 3D 가상 인간) 등이 수많은 구독자를 거느리고, '사이버 부캐'라는 디지털 분신을 만들어 활동할 수 있도록 하는 기술 또한 속속 등장하고 있다.* NFT**로 발행된 미술품이나 명품 브랜드가 실물을 소유할 수 없는데도 엄청난 가격에 팔리는가 하면, 거래 수단으로서의 효능이 입증되지 않은 가상 화폐에 막대한 투자자가 몰려든다.

비대면의 세 가지 측면인 '원격'과 '무인' 그리고 '가상'은 배타적 범주가 아니라 서로 맞물려 있는 속성들이다. 예를 들어 멀리 떨어져 있는 노동자가 스마트 글라스를 쓰고 업무를 수행할 경우 '원격'과 '가상'이 결합된 것이고, 기업의 채용 과정에서

---

* 이렇듯 가상현실이 확장됨에 따라 새로운 법적 쟁점도 떠오르는데, 예를 들어 메타버스 안에서 아바타들 사이에 명예훼손이나 성범죄가 일어날 때 처벌을 할 수 있는가가 문제가 된다.

** 대체 불가능 토큰Non-Fungible Token, NFT. 블록체인 기술을 이용해서 디지털 자산의 소유주를 증명하는 가상의 토큰.

많이 도입되는 AI 면접은 '원격'과 '무인'이 결합된 것이다. 은행의 가상 영업점에서 금융 상품에 대해 직원 아바타와 상담할 수 있는 메타버스 서비스는 '원격'과 '무인'과 '가상'을 결합한 것이다. 이렇듯 디지털 혁명 속에서 확장되는 여러 플랫폼 덕분에 비대면의 세계는 점점 다채로워졌고, 코로나19 이후 그 영역이 더욱 확장되면서 삶의 토대를 바꾸고 있다.

대면 비대면 외면

2

온라인과
현실감각의 변용

상시 접속의 일상

영화 「기생충」(봉준호 감독)에서 주인공 가족들은 반지하 주택에 산다. 그 집에는 창문이 있기는 하지만, 반지하 구조상 바깥의 길바닥과 맞닿아 있다. 어느 날 지나가던 취객이 반지하 창문 너머 주인공 가족의 집 쪽에 대고 소변을 보는 장면이 나온다. 그러니까 그 창은 최소한의 채광과 통풍을 위해 설치된 것일 뿐, 바깥 풍경을 바라볼 수 있는 프레임이 되지는 못한다. 외부 세계를 내다보기 어려운 공간은 삶의 전망이 꽉 막혀 있다는 것을 상징하고, 그것이 빈곤의 본질임을 영화는 말해준다. 그 외에 영화에서 인상적인 장면이 또 있는데, 주인공 남매가 화장실에서 다른 집의 와이파이를 잡으려 애쓰는 모습이다. 바깥과 차단되다시피 한 공간에서 힘겹게 세상과 접속하려는 몸짓에 다름 아니다.

지구촌의 인터넷 사용자는 2020년 40억 명을 넘어섰고, 한국의 보급률은 2018년 기준 쿠웨이트에 이어 세계 2위를 기록했다. 무엇보다 두드러지는 것은 이용 시간이다. 2021년 글로벌 가상사설망VPN 서비스 기업 노드VPN이 연구 조사 기관인 신트에 의뢰해 18~54세 성인 인터넷 사용자를 조사한 결과, 한국인이 일생 동안 인터넷 사용에 쓰는 시간은 34년으로 아시아 국가 중 가장 긴 것으로 나타났다. 이는 아시아에서 가장 높은 수치일 뿐 아니라 세계에서도 두번째로,* 1주일에 평균 51시간을 온라인에서 보낸다. 그 가운데 18시간은 업무 관련이며 33시간은 다른 활동으로 사용하는데, 유튜브나 OTT를 통한 영상 감상에 주 20시간 이상을 쓰는 것으로 조사됐다.

한국인이 온라인에서 생활하는 34년은 기대 수명 83세를 기준으로 보면 40퍼센트에 달하는 시간이다. 그런데 이것은 잠자는 시간까지 포함한 수치다. 하루에 3분의 1을 차지하는 수면 시간을 빼고 계산하면 60퍼센트가 된다. 다른 사람들과 대화하고 식사하고 몸을 씻는 시간 등을 제외한 대부분의 시간을 온라인에서 보낸다고 볼 수 있다. 여행지를 선택할 때 와이파이가 잘 터지는가가 중요한 고려 사항이 될 정도로, 이제 인터넷은

---

* 주요 국가들의 이용 시간을 보면 브라질 41년, 대만 33년, 싱가포르와 프랑스 27년, 영국 22년, 미국 21년, 일본 11년이다.

우리 삶과 사회의 모든 부분에서 절대적인 인프라가 되었다. 인터넷이 없었던 시대에 우리가 하루를 어떻게 보냈는지를 떠올려보면, 인류가 전혀 다른 세상으로 넘어왔음을 새삼 확인하게 된다.

인터넷 기반의 네트워크는 사람과 사람뿐 아니라 여러 사물로도 연결을 확장해왔고, 거기에 인공지능이 더해지면서 생활 세계에 혁명을 일으키고 있다. 인공지능은 그 성능이 날로 고도화되면서 새로운 역할을 떠맡고 있다. AI 스피커는 날씨 알림이나 텔레비전 작동은 기본이고, 사람의 표정을 인식하여 감정까지 헤아려주는 단계로 진화했다. 대인 관계를 어려워하는 사람들이나 독거노인들은 앞으로 점점 더 많은 시간을 기계와 대화하면서 지낼 듯하다. 이런 흐름은 일인 가구의 증가와 맞물려 더욱 빨라질 전망이다. 세계 최고의 고령 사회인 일본의 경우를 살펴보면, AI가 탑재된 모니터링 장치가 침대 밑과 환자 몸에 부착되어 있어서 노인들의 수면 상태 및 배변 타이밍을 자동으로 체크하여 직원에게 신호를 보내는 '디지털 개호介護' 서비스가 일부 요양원에서 도입되기도 했다.

이러한 정보 시스템의 혁신은 사회적 관계에 어떤 영향을 주는가. 온라인은 사람들 사이에 의외의 접속과 만남을 가능하게 하지만, 오히려 관계를 단절시키는 요인이 되기도 한다. 타인과의 물리적 접촉을 차단하고 온라인 정보에만 탐닉하는 가운데 밀실 안에 갇히는 것이다. 먹방을 보면서 혼밥이나 혼술을 하는 일인 가구 싱글족이 늘어난다. 먹고 자고 소비하고 즐기는 것 등을 모두 혼자서 하는 '얼로너'(영어로는 loner)가 세계적으로 증가하는 추세다. 그들은 세상과 완전히 절연되어 있는 듯하지만, 온라인상에서 끊임없이 타인의 삶을 구경하고 비교한다. 미국에서는 SNS가 모바일 기기에 결합된 2009년부터 청소년들의 자살률이 계속 증가했는데, '좋아요'와 하트에 집착하고 서로의 외모를 비교하면서 자괴감과 우울감에 빠져든 탓으로 분석된다. 그렇듯 미디어에 매몰되다 보면 대면 소통의 사회적 기술은 감퇴할 수밖에 없다. 급기야 미국의 일부 대학에서는 표정 읽기 수업이 개설되었다고 한다.

스마트폰과 노모포비아

사람과 사람 사이에 섬이 있었다
한때 다들 그 섬에 가고 싶어 했다
하지만 그 섬에 가본 사람이 없었다
애초에 섬이 없었던 것인지도 모른다

그사이 다른 것이 들어섰다
사람과 사람 사이에 스마트폰이 있었다
아니 사람과 사람 사이에

대면 비대면 외면

스마트폰이 있지 않았다

스마트폰과 스마트폰 사이에

사람이 있었다 아니

스마트폰 안에 사람이 들어가 있었다

———이문재, 「사람」* 부분

　이런 상상을 해본다. 30년 전쯤 세상을 떠난 사람이 환생하여 팬데믹 시기의 도시를 방문한다면 무엇에 주목할까. 변화가 점점 빨라지는 세상이기에 많은 것이 낯설게 다가올 것이다. 특히 사람들의 모습이 당혹스러울 듯하다. 예를 들어 지하철 안의 풍경은 어떤가. 한 명도 예외 없이 마스크를 쓴 얼굴, 한결같이 스마트폰에 꽂혀 있는 승객들의 시선, 보청기 모양의 무선 이어폰을 끼고 있는 일부 승객들을 신기하게 여길 것이다.

　스마트폰과 마스크는 전혀 다른 도구지만, 세 가지 공통점을 갖는다. 첫째, 사회생활의 필수품이라는 점이다. 스마트폰을 분실하거나 집에 두고 외출하면, 살짝 패닉에 빠질 정도로 생활과 업무에 막대한 지장이 생긴다. 마스크는 더욱 절대적이어서, 팬데믹 시기에 그것 없이는 외출이 아예 불가능했다. 둘째, 둘 다 철저하게 개인 물품이다. 가족이나 친구에게 잠깐 스마트폰을 빌리는 경우가 있긴 하지만 매우 드물다. 마스크는 완전한

* 『혼자의 넓이』. 문학동네. 2021.

일인용으로, 아무리 가까운 사이라 해도 공유하지 않는다. 셋째, 두 물건 모두 물리적으로 함께 있는 사람들을 격리시킨다. 스마트폰은 우리의 주의력을 빨아들이면서 곁에 있는 사람들을 소외시키기 일쑤다. 마스크 또한 서로를 분리하면서 거리두기에 유념하도록 만든다.

이제 스마트폰은 계층과 세대를 불문하고 필수품이 되었다. 만일 외딴섬에서 몇 달을 살아야 한다고 가정한다면, 꼭 가져가고 싶은 물건으로 스마트폰이 가장 높은 순위에 오르지 않을까. 중대한 범죄자를 감옥에 가두는 대신, 스마트폰과 인터넷 사용을 일정 기간 금지시키는 것이 형벌로 채택될 날이 올지도 모르겠다. '포노 사피엔스'라는 말이 생겨났듯이, 스마트폰은 오늘날 우리 삶과 사회의 절대적인 조건이다. 지금 시대를 배경으로 만든 영화나 드라마에서 스마트폰이 등장하지 않는 경우는 거의 없다. 만일 어느 작품에서 스마트폰 사용 장면을 아예 빼고 각색한다면, 전혀 다른 이야기로 바뀔 가능성이 크다.

사람의 신체에서 가장 분주하게 움직이는 외부 기관은 눈과 손인데, 언제부터인가 그 둘은 스마트폰에 많은 시간을 매달려 있다. 스마트폰을 조작하고 있으면 일종의 전능감이 느껴진다. 생각해보면 우리가 살아가면서 내 뜻을 실현할 수 있는 장場이 별로 없다. 세상이나 조직, 타인은 물론 내가 벌여놓은 일도 복잡한 변수들에 얽혀 예측 불가능한 변화의 연속이다. 나의 몸과 감정 그리고 생각 역시 내 의지대로 작동하지 않는다. 거대

대면 비대면 외면

한 조직의 부속품으로 소외되거나 권력관계에서 열세에 놓인 사람일수록 무력감에 사로잡힌다. 그 공허함을 달래주면서 자기 효능감을 맛보기에 스마트폰은 안성맞춤이다. 그 안에서는 모든 것을 통제할 수 있다고 느끼기 때문이다.

이런 맥락에서 스마트폰은 단순한 물건 이상의 의미를 지닌다. 인류의 문명사를 통틀어 수많은 도구가 발명되었지만, 대부분은 어떤 일을 하기 위한 수단이었다. 그런데 스마트폰은 그 자체로 목적이 된 듯하다. 누군가와 통신을 하거나 정보를 찾아야 할 필요가 딱히 없는데도, 습관적으로 버튼을 누르면서 여러 사이트를 '서핑'하는 재미를 좇느라 기기를 사용하는 것이다. 이 공간에서는 필요와 재미 사이의 경계가 애매하다. 업무로 이메일을 체크하러 들어갔다가 포털의 뉴스 제목에 '낚이고,' 거기에 줄줄이 달려오는 기사들을 하염없이 클릭하는 일이 허다하다.

최근에 노모포비아nomophobia라는 신조어가 나왔다. 'no mobile+phobia'의 줄임말로서, 휴대전화를 갖고 있지 않으면 초조해지는 증세를 말한다. 전형적인 중독 증세인데 그 흡입력이 매우 강하다. 마약이나 도박은 그 자체로 나쁜 것이기에 아예 손을 대지 않거나 완전히 끊어버릴 수 있지만, 스마트폰은 사적 영역뿐 아니라 공적 영역에 이르기까지 생활 전반에 걸쳐져 있어 끊어버리는 것이 불가능하다. 담배나 술보다 훨씬 간단하게 '맛'을 볼 수 있고, 그에 대한 경계심도 거의 없다. 운전할 때와 같은 특수한 상황이 아니면 주변에 아무런 폐를 끼치지도 않으니 사회적 규제도 없다.

　게다가 스마트폰은 끊임없이 메시지와 정보를 실어 나르면서 생명체처럼 우리의 주의를 빨아들인다. 기쁨의 에너지로 몰입할 수 있는 경험의 부재, 마음 편하게 몸을 머물게 할 곳 없는 환경, 눈치를 보거나 주눅이 들기 쉬운 인간관계…… 이런 일상의 궁핍함이 중독을 부추긴다. 스마트폰이라는 웨어러블 인터넷은 삶의 괴로움을 잠시나마 외면하게 해주는 모르핀인지 모른다. 우리는 그러한 접속을 통해 자신이 세상과 연결되어 있음을 가까스로 확인하면서 실존의 불안을 달래는 것이 아닐까.

온라인 소통의 그늘

　어느 대학 교수의 경험이다. 수업 시간에 정해진 주제를 중심으로 몇 개의 모둠을 나눠 토론하는 순서가 있었다. 그런데 한 모둠의 경우, 학생들이 아무 말도 주고받지 않고 스마트폰만 들여다보고 있었다. 교수가 왜 토론을 하지 않느냐고 물으니, 단체방을 개설하여 거기서 의견을 나누고 있다고 했다. 한자리에 둘러앉아 있는데도 굳이 온라인으로 소통하는 모습에서 젊은 세대의 독특한 감수성을 엿보았다고 한다. 화면을 통해 대화하는 시간이 점점 늘어나면서, 얼굴을 마주하는 만남이 어색하게 느껴졌는지 모른다.

온라인으로 소통하는 것은 여러 면에서 효율적인데, 몇 가지를 나열해보면 이렇다. 실시간으로 연결되어 있지 않아도 언제든 연락할 수 있다. 아무 데서나 주변의 눈치를 보지 않고 수신·발신할 수 있다. 메시지를 무료로 얼마든지 전송할 수 있다. 사진이나 첨부 파일을 대량으로 올릴 수 있고, 동영상 등 관련 사이트를 간편하게 하이퍼링크할 수 있다. 여러 사람이 정보를 공유하면서 다자간 통신이 가능하다. 주고받은 대화 내용이 입력된 시간까지 표시되어 고스란히 보관된다. 자판을 눌러서 문장을 작성하기에 완성도 높은 메시지를 보낼 수 있다. 감사함, 미안함, 축하, 격려, 기원 등을 전해야 할 때 말로 하면 자칫 쑥스럽고 어색해질 수 있는 이야기를 편안하게 전달할 수 있다. 글로 표현하기 어려운 감정은 이모티콘이라는 상형문자로 보완할 수 있다.

이렇듯 소통의 혁명을 일으킨 디지털 미디어는 이제 생활 세계의 필수 요소가 되었다. 하지만 몇 가지 맹점도 있다. 비대면으로 오랫동안 대화를 나누다 보면, 중요한 정보나 신호가 누락되고 있다는 느낌을 지울 수 없다. 이는 매체 자체의 특성에 기인한다. 메시지를 주고받는 상황을 떠올려보자. 열심히 문자를 입력할 때, 그것은 대화인 동시에 기계 조작이다. 감정이 들어간 메시지를 쓸 때조차 우뇌보다는 좌뇌를 사용하는 경우가 많다. 대면의 상황이라면 표정과 목소리를 통해 드러나는 속마음을 숨기기 어렵지만, 비대면에서는 극도의 우울감에 빠져 있는데도 활짝 웃는 이모티콘을 붙이거나 축하하는 마음이 전혀 없는데도 마지못해 '좋아요'를 클릭할 수 있다. 말하자면 인스턴트 감정노동인 셈이다. 임상심리학자이자 교육 컨설턴트인 캐서린 스타이너 어데어는 이러한 대화 상황의 핵심을 다음과 같이 설명한다.

> 우리는 상대방의 얼굴을 볼 수도 없고, 그 영향을 볼 수도 없으며, 어조를 조절할 수도 없다. 따라서 이런 방식은 자신이 커뮤니케이션한 내용이 미칠 영향에 대해 책임감 없이 감정을 과장하거나 감정에서 탈피한 채 바라보게 한다. 우리는 종종 화가 났을 때 그것을 직접 말하지 않고 문자메시지나 이메일 혹은 기타 온라인상의 방식으로 표현하곤 한다. 뉘앙스가 부재된 대화는 얼굴을 맞대고 대화할 때보다 오해의 가능성을 증가시킨다. 진심 어린 사죄나 연민, 애정, 이해, 도움의 표현이라 할지라도, 이런 방식에는 전화나 직접 대화에서와 같은 인간의 목소리를 통해 이루어지는 독특한 울림이 없다.[*]

엄밀히 말해, 그러한 소통은 '나와 너'라기보다 '나와 그것'의 관계에서 진행된다고 할 수 있다. 물론 편리한 점도 많다. 표

---

[*] 캐서린 스타이너 어데어, 『디지털 시대, 위기의 아이들』, 이한이 옮김, 오늘의책, 2015, 37쪽.

정과 목소리로 감정을 노출시키지 않고 자아를 '연기'해야 할 때는 '비대면'이 안성맞춤이다. 마음은 매우 복잡하고 모호한데, 문자 텍스트에서는 중요한 부분이 누락되거나 본뜻과 다르게 표현되기 쉽기 때문이다.

디지털 공간에서 또 한 가지 아쉬운 점은 침묵의 언어가 빈약하다는 것이다. 오프라인에서는 말이 오가지 않아도, 함께 있는 것만으로 편안할 수 있다. 서로를 향해 온전히 현존하는 가운데, 말 없음 자체가 또 다른 언어로 작동하기도 한다. 그러한 침묵은 더 깊은 생각이 꿈틀거리는 여백이 될 수 있다. 반면, 온라인에서 침묵은 무의미한 공백으로 느껴질 때가 많다. 도우리 작가는 그 차이를 이렇게 통찰한다.

> 침묵은 단지 답장을 기다리는 상태와는 다르다. 서로의 말을 곱씹는 시간을 주고받으며 대화하는 일이다. 침묵해도 어색하지 않은 사이란 그만큼 대화의 맥락이 많이 쌓인 관계다. 그런데 메시지 플랫폼들은 상대가 메시지를 읽었는지, 입력 중인지, 실시간으로 접속 중인지, 몇 분 전에 접속했는지까지 알려 준다. 미세먼지처럼 온갖 푸시 알림, 뉴스, 이모티콘, '좋아요'가 떠돌아다니는 와중에 침묵의 공간을 지킬 방법은 무엇일까.*

---

* 「카톡 봤을 뿐인데 왜 이리 지치지」, 『한겨레21』 2022. 3. 3.

'말을 곱씹는 시간'과 '침묵의 공간'이 허락되기 어려운 온라인 세계에서 우리의 마음은 촉박해지기 쉽다. 그렇지 않아도 디지털 공간에서는 무한의 정보가 빛의 속도로 순환한다. 우리는 시시각각 답지하는 정보들의 진위 여부나 가치를 찬찬히 따질 여유가 없고, 그 의미를 여러 맥락 속에서 헤아리기도 어렵다. 받아들일 것인지 말 것인지를 즉흥적으로 판단한 다음, 옳음과 그름 또는 호감과 비호감의 이분법으로 재빨리 결론짓는다. 그래서 다른 사람들과 대화하면서 자신의 의견을 수정하거나 새로운 생각으로 함께 나아가기가 매우 어렵다. 수많은 사람이 일방적으로 발언을 쏟아내는 공간에서 순식간에 감정이 충돌하고, 이편과 저편 사이의 거리는 점점 멀어진다. 게다가 사용자가 선호하는 콘텐츠를 선별하여 제공하는 추천 알고리즘은 비슷한 생각을 가진 사람들끼리 뭉치도록 만들어 집단 사고와 확증 편향을 부추긴다. 이른바 필터 버블filter bubble, 또는 메아리방echo chamber 효과다.

 온라인 공간이 탄생한 이래 낯선 사람들 사이의 접촉은 꾸준히 늘어났고, 코로나19 기간에 거리두기의 시간이 길어지면서 그 비중은 더욱 커졌다. 거기에서 어떤 관계로 만나느냐에 따라 소통의 양상은 전혀 다르게 나타난다. 혐오와 적대감을 증폭시키는 확성기가 될 수도 있고, 새로운 세계를 개척하는 시민적 공론장이 될 수도 있다. 자기 과시와 위세 경쟁 속에서 열등

대면 비대면 외면

감과 질투심을 자아내는 쇼 케이스가 될 수도 있으며, 지친 삶을 위로하고 용기를 북돋는 회복의 터전이 될 수도 있다. 열쇠는 비전과 지향이다. 무슨 정체성을 공유하는가, 어떤 삶과 사회를 소망하는가에 따라 비대면 관계의 성격이 좌우된다.

맥락을 잃어버린 아이들

코로나19의 후유증은 다방면에 걸쳐서 나타났는데, 경제적 타격 및 빈부의 양극화와 함께 가장 많이 거론되는 것이 학교교육에서의 학습 손실과 그에 따른 학력의 격차다. 온라인 수업이 시행되면서 디지털 매체에 익숙하지 않거나 가정환경이 열악한 학생들, 그리고 배움에 대한 열의가 없거나 공부 습관이 배어 있지 않은 아이들의 학습력은 떨어질 수밖에 없다. 교실에서와 달리, 교사들이 그런 격차를 인지하면서 개별적으로 지도할 수 없기에 뒤처지는 아이들은 방치된다. 저학년일수록 지적 발달의 정체는 심각한 결과로 이어지고, 오랜 기간에 걸쳐 부작용이 나타날 것으로 예상된다.

그런데 지적 능력에는 여러 측면이 있고 서로 유기적인 연관성을 지닌다. 인간 지성에 관한 최근의 여러 연구에 따르면, 인지능력만이 아니라 비인지능력도 교육적 성취에 중요한 기여를 하며 삶을 구성하는 핵심 요소라고 한다. 비인지능력이란 시험 점수나 IQ 등으로 수치화할 수 있는 능력이 아닌, 종합적 역량을 가리킨다. 오랫동안 꾸준하게 노력하는 열정과 끈기, 사람들을 설득하고 동기 부여하는 리더십, 역경을 극복하고 목표를 달성해내는 회복 탄력성 등이 그것이다. 따라서 이제는 인지 능력 중심의 학력 편중주의에서 벗어나, 균형 있는 성장을 도모하는 작업이 절실하다.

비인지능력의 핵심 가운데 하나가 사회적 지능이다. 코로나19로 등교가 막히면서 학생들의 성장이 지체된 중요한 원인의 하나는 친구들을 사귀지 못한 것이다. 어린 나이일수록 복합적이고 균형 있는 지성의 발달이 필요한데, 사회성을 익히지 못하면 지적 능력과 인격 발달에 지장이 생긴다. 그렇다면 사회성의 결여는 구체적으로 어떻게 드러나는가. 광주광역시의 어느 중학교에 근무하는 이 모 교사에 따르면, 2022년 전면 등교 수업이 이뤄지면서 드러나는 학교 폭력의 양상이 매우 기이하고 당황스럽다고 말한다.

"느닷없이 분노를 폭발시키는 아이들이 많아졌어요. 그런데 자기가 왜 화가 났는지를 차근차근 설명하지 못합니다. 자신의 감정 자체를 언어화하지도 못하고요. 모든 문제를 철저하게 자기중심적으로만 해결하려고 고집을 피우다가 그것이 안 되면 격하게 공격성을 표출하는 식입니다. 그 저변에는 기본적인 소통 능력의 부족이 깔려 있어요. 어떤 여학생에게 사귀자고 계

대면 비대면 외면

속 구애를 한 남학생이 있었는데요, 여학생은 여러 번 거절의 의사를 거듭 분명하게 밝혔습니다. 그런데도 남학생은 그 말뜻을 이해하지 못하고 계속 매달리고, 그래도 안 되니까 폭력적으로 욕구를 터뜨렸습니다. 왜 그런 문제가 생기는가를 살펴보니 대화의 맥락을 감지하지 못하더라고요. 말은 듣고 있지만 '말귀'를 못 알아듣는 것입니다."

인간의 소통에서 가장 중요한 점은 맥락을 알아차리는 것이다. 상대방이 말하는 단어와 문장의 의미를 아무리 정확하게 파악한다고 해도, 맥락을 놓치면 엉뚱한 해석에 이르고 만다. 맥락이 무엇이길래? 국어사전에서는 '어떤 일이나 사물이 서로 연관되어 이루는 줄거리'라고 풀이하고 있다. 똑같은 행위나 사건, 발언이라 해도 그 앞뒤에 어떤 일들이 벌어졌는지, 무슨 대화가 오갔는지에 따라 전혀 다른 의미로 다가온다. 그 흐름의 얼개가 맥락인 것이다. 그에 상응하는 영어 단어 'context'의 풀이는 더욱 명료하다. 옥스퍼드 사전은 그 뜻을 이렇게 밝히고 있다. '어떤 일이 일어나는 상황으로서, 그 일을 이해하는 데 도움을 주는 것the situation in which something happens and that helps you to understand it.' 그러니까 똑같은 '코드'(말, 글, 표정, 몸짓, 행위 등)라 해도 '컨텍스트'에 따라 함의와 뉘앙스가 달라지는 것이다.

맥락은 지식으로 주입할 수 없고, 인터넷 검색도 불가능하다. 맥락을 이해하는 능력은 경험을 통해서 체득되는 직관이다.

타인들과 다양한 상호작용을 하면서 형성되는 감수성이다. 비대면 수업이 오래 이어지는 동안, 학생들은 바로 그런 사회적 경험을 하지 못했다. 이 모 교사에 따르면, 학생들에게 요즘 가장 신나는 일이 무어냐고 물어보면, 그런 것은 없고 게임하고 잠자는 것밖에 떠오르지 않는다는 대답이 많다고 한다.

그런가 하면 수업 시간에 학생들이 그동안 즐겨 본 유튜브 채널을 소개하는 시간을 가졌는데, 다들 깜짝 놀랄 만큼 천차만별이었다. 먹방, 드라마, 스포츠, 애니메이션, 예능, 게임…… 저마다 선호하는 장르의 마니아가 되어 있었다. 문제는, 학교에서 친구들과 어울렸다면 자연스럽게 서로의 경험을 공유하고 소감을 나눴을 텐데 그런 통로가 원천 봉쇄되었다는 데 있다. 그 대신 각자 지내면서 추천 알고리즘을 따라 특정 분야에 골몰한 것이다. 그 시간이 2년 동안 이어지다 보니 친구들 사이에 공통의 경험과 '공용어'가 줄어들고, 자신에게 너무 당연한 것이 상대방에게는 전혀 생소한 경우가 많다. 저마다 형성해온 의식과 감성의 밀실들 사이에 접점이 없고, 소통의 맥락을 공유하기가 매우 어렵다.

대화의 어려움은 고등학교에서도 많이 경험된다. 경기도의 어느 고등학교에 근무하는 박 모 교사는 이렇게 이야기한다.

"아이들과 이야기를 나누다 보면 질문과 대답이 어긋나는 경우가 눈에 띄게 늘어났습니다. 상대방이 무엇을 묻고 있는지

찬찬히 따라가지 않고, 몇몇 단어나 표현만으로 말을 자기 방식대로 해석하여 엉뚱한 답을 내놓는 아이들이 많아졌어요. 학생들끼리도 마찬가지여서 소통이 겉돌면서 관계가 자꾸만 틀어지고, 사소한 일이 심각한 갈등으로 비화되어 통제되지 않는 상황이 되는 일이 흔합니다. 소통 능력이 떨어지다 보니 모둠 학습의 진행도 어렵습니다. 함께 배우고 협동하면서 성과를 만들어내려면 여러 차이와 갈등을 견디면서 의견을 모아가야 하는데, 그런 과정을 귀찮아하고 조금만 힘들면 그냥 포기해버리는 경향이 나타나고 있거든요. 그리고 예전에는 학생이 고민이 있을 때 함께 식사도 하면서 속 깊은 이야기를 나눌 수 있었는데, 코로나19 기간에 접촉이 제한되면서 그런 대화의 코드가 많이 줄어든 듯해요. 이런 와중에 교사들 사이에서 점점 담임을 꺼리는 분위기가 되었지요. 온라인 수업을 하는 2년 동안은 생활 지도를 하지 않아서 편했는데, 전면 등교가 이뤄지면서 그동안 보이지 않게 일어난 변화의 결과가 한꺼번에 드러나면서 예전보다 더 난감한 일들을 겪고 있다고 해야 할까요."

관계를 맺으면서 자기를 객관적으로 알아가고, 이런저런 갈등을 겪으면서 차이를 이해해가야 할 시기에 아이들은 학교에 가지 못했다. 사회적 거리두기 때문에 친구들과 어울려 다니기도 어려웠다. 이런 상황에서 온라인 접속은 더욱 길어졌고 각자의 밀실에 오래 갇혀 지냈다. 그 결과 삶과 세계를 다양하게 체험하고 타인에 대한 감각을 익히는 시간을 제대로 갖지 못했다. 코로나19 시기에 성장기를 보낸 세대에게 이것은 오랜 결핍으로 남을 수 있다.

하지만 다행인 것은 그동안 제대로 등교하지 못하면서, 역설적으로 학교의 위상이 분명해졌다는 점이다. 부모들도 자녀가 종일 집에 머물면 본인이 힘든 것만이 아니라 아이의 성장이 제대로 이뤄질 수 없음을 확인했다. 아이들도 오랫동안 외롭게 지내다가, 학교가 다시 열리면서 예전보다 등교를 더욱 즐거워한다는 이야기를 교사들로부터 자주 듣게 된다. 학교교육에서 수업 이상으로 중요한 것이 아이들 사이의 관계 맺기다. 코로나19의 후유증으로 당분간 소통의 어려움이 있겠지만, 아이들은 더불어 살아가는 법을 스스로 익히면서 '사회'를 복원해갈 수 있다. 어른들은 그 회복력을 믿고 지지하고 격려해주어야 한다.

대면 비대면 외면

3

화상회의,
반半대면의 공간

시공간의 제약이 없으니

팬데믹 국면에서 줌으로 대표되는 화상회의 시스템이 빠르게 정착되어 사회의 핵심적 인프라가 되었다. 가족 모임이나 동호회 등 사적 만남에서부터 업무 회의와 세미나, 공개 강연을 비롯해 초등부터 대학원에 이르는 학교 수업, 그리고 국제 컨퍼런스까지 광범위하게 활용된다. 줌 화면을 열어놓고 있으면, 여러 사람이 실시간으로 얼굴을 보며 대화할 수 있기에 마치 한자리에 모여 앉은 듯한 느낌을 준다. 그런 점에서 화상회의 공간은 엄밀하게 말해 '비대면'은 아니다. 마스크로 얼굴의 절반을 가리고 직접 만나는 것보다, 온 얼굴로 화면에서 만나는 것이 더 '대면'에 가깝다고도 할 수 있다. 그러니까 굳이 이름을 붙이자면 '반半대면,' 콩클리시로 하면 '세미택트semi-tact'라고 할 수 있을지 모르겠다. '디지털 대면'이라는 말도 쓰이는데, 아주 적절한 개념으로 보인다.

화상회의는 오프라인 회의에 비해 불편한 점도 있지만, 효율성을 높여주는 측면도 있다. 예를 들어 공적인 업무나 회의에서는 수직적 권력을 약화시키면서 소통의 질을 높여주는데, 자리 배치 등 격식을 둘러싸고 눈치를 봐야 하는 군더더기를 덜어내고 내용과 본질에 충실할 수 있기 때문이다. 화상회의 시스템의 또 다른 장점은, 만남의 방식을 다양하게 넓혀준다는 것이다. 가령 대학에서 수업이나 세미나를 진행할 때, 전문가의 설명이 곁들여지면 좋은 주제들이 있다. 그렇다고 특강으로 초청하자니 분량이나 여건이 애매한 경우, 줌에서는 그것이 간단히 해결된다. 관련 강사를 미리 섭외해두었다가 수업 중간에 20~30분 정도 미니 강의를 하고 질의응답 시간을 가지면 된다. 강의 주제와 관련된 분야에서 오랫동안 일해온 선배들이 자신의 경험을 후배들에게 전해주도록 초대해도 수업이 매우 풍성해진다. 외국에 거주하는 사람도 시간만 맞으면 접속할 수 있다.

줌으로 강의나 회의를 할 때 또 한 가지 장점은, 게시판의 활용이다. 참가자들은 누구나 언제든 글을 올릴 수 있기에 강사에게 질문하거나 강사의 질문에 답하는 것이 매우 쉽다. 오프라인 강의실에서라면 손을 들어 자신의 목소리를 내야 하는 부담이 있지만, 화상회의 시스템에서는 그런 심리적 진입 장벽이 크게 낮아진다. 질문의 타이밍을 놓치더라도 글을 올려놓으면, 강사가 확인한 다음 적절한 시점에 답할 수 있기에 소통의 유연성이 높아진다. 좋은 질문들은 따로 옮겨다가 정리해 보관하면서 수업의 내용을 보완하는 데 참고할 수 있다.

게시판은 자료를 공유하기에도 편리한 장치가 된다. 강의나 발표에 연관되는 문서 파일이나 인터넷 사이트가 있으면 곧바로 올려서 참가자들이 받아보도록 할 수 있다. 참가자들도 자신이 갖고 있는 정보나 자료를 언제든 나눌 수 있고, 화면 공유 기능을 활용해서 시각 자료를 보여주거나 동영상을 즉각 구현하는 것도 가능하다. 오프라인 강의실에서라면 무척이나 번거로운 과정을 거쳐야 할 일들이 클릭 몇 번으로 해결되는 것이 화상회의 시스템의 강점이다.

물론 화상회의 시스템에는 단점도 많다. 우선 신체의 일부만 드러나기에 복장에 크게 신경 쓰지 않아도 되지만, 다른 사람들과 소통할 때는 좀 답답하다. 인간의 대화에서는 몸짓언어의 비중이 의외로 크다. 앉아 있는 자세나 다리 모양, 손동작 등 비언어적 단서를 통해 상대방의 감정이나 의중을 무의식적으로 파악하는 것이다. 그런데 화상회의의 경우, 참가자들은 자기도 모르게 평소보다 강한 신호 및 과장된 반응을 보이기 마련이고, 그 결과 대면 회의에서보다 15퍼센트 더 크게 말하는 경향이 있다고 한다.*

음향의 문제도 있다. 소음이 들어가는 것을 방지하기 위해 강사나 발표자 이외의 참가자들은 모두 음소거 버튼을 눌러놓는다. 화상회의 공간에서 오로지 발언자의 목소리만 들리면 집중하기에 수월한 면도 있지만, 몸으로 현존한다는 느낌을 갖기 어려운 것 또한 사실이다. 오프라인 공간에서는 함께 있는 사람들의 기침 소리, 종이 넘기는 소리, 책상이나 의자의 삐걱거림 등이 자연스럽게 들려온다. 그런 잡음들은 서로가 같은 공간에 머물고 있음을 암암리에 확인시켜주는 효과가 있는데, 줌에서는 그것이 거의 차단되기에 심리적 연결감이 떨어진다.

이러한 환경은, 특히 잘 모르는 사람들이 모여 회의를 할 때 분위기를 경직시키는 요인이 된다. 말을 하는 사람은 마이크를 켜야 하고, 그때마다 그의 화면이 자동으로 부각되면서 발언의 심리적 진입 장벽을 만드는 것이다. 마치 무대에 오른 주인공이 된 듯한 느낌을 들게 하기에, 소수가 참석하는 회의인데도 커다란 발표장에서 의견을 피력하는 것만큼 긴장이 일어난다. 오프라인 모임에서라면 자연스럽게 빈말도 건네고 추임새도 넣으면서 어색함을 깰 수 있는데, 참가자들의 얼굴이 똑같은 크기로 반듯하게 배열된 화면에서는 이러한 아이스브레이킹이 쉽지 않다(물론 원래 잘 알고 지내던 사람들이 사적 대화를 나눌 경우에는 거의 문제가 없다).

특히 곤혹스러운 점은, 강사가 농담을 던지거나 우연히 재미있는 상황이 펼쳐져도 웃음소리가 전혀 들리지 않는다는 것

---

*　정수근.『팬데믹 브레인』. 부키. 2022. 99~100쪽.

이다. 소통에서 양념 역할을 하며 지루한 분위기를 반전시켜주는 유머는 우스갯소리 자체보다 표정과 소리를 통해 드러나는 사람들의 반응이 더 큰 효과를 불러일으킨다. 줌에서는 웃는 얼굴은 보이지만 웃음소리가 전혀 들리지 않기에, 유머로 촉발되고 고양되는 집단 에너지를 느끼는 데 한계가 있다. 언젠가 카메라에 달려 있는 센서가 웃는 얼굴을 인식하여, 몇 초 동안 음소거 기능을 해제하고 자동으로 웃음소리를 전달해주는 시스템이 등장할 수도 있지 않을까 상상해본다. 화상회의 시스템을 통해 우리는 소리의 중요성에 대해서도 새삼 확인하게 된다.

공적 공간에 접속된 프라이버시

앞에서 화상회의 시스템을 '비대면'이 아니라 '반半대면'의 공간으로 보아야 한다고 말한 바 있다. 온라인이지만, 실시간으로 얼굴을 마주 볼 수 있기 때문이다. 다만, 오프라인에서의 대면과 달리 시선을 똑바로 주고받기는 어렵다. 카메라가 화면 위쪽에 달려 있기 때문이다. 만일 내가 카메라를 바라보고 말하면 상대방은 자기와 눈을 맞추고 있다고 느끼지만, 실제로 나는 상대방을 보고 있지 않다. 반대의 경우도 마찬가지다. 카메라의 성능이 업그레이드되면, 두 사람 모두 화면을 보고 있어도 서로 정면 응시가 이뤄질 수 있을지도 모르겠다.

시선의 불일치보다 더 신경 쓰이는 것은 라이브 화면으로 보게 되는 자신의 얼굴이다. 그것은 거울에 비친 모습과 달리 카메라를 통해 재현되는 것이기에 어색하게 느껴질뿐더러, 더 나아가 불안을 유발할 수도 있다. 이런 현상을 가리켜 '거울 불안mirror anxiety'이라고 하는데, 회의나 강의가 진행되는 내내 자신의 모습이 촬영되는 데서 오는 불안감을 이른다. 자신의 의도와 상관없이 라이브로 송출되는 자기 얼굴을 오랜 시간 봐야 하기 때문에 피로감이 생기기 쉽다.

더욱 불편한 것은, 내 얼굴이 다른 사람들의 얼굴과 함께 진열된다는 점이다. 화상회의 시스템이 나오기 전까지는, 여러 사람이 한꺼번에 실시간 동영상으로 촬영되어 한 화면에 나란히 담기는 인터페이스를 경험할 수 없었다. 일정한 격자 모양의 틀 안에 내 얼굴이 담기는 것은 그다지 유쾌한 일이 아닐 수 있다. 일종의 쇼윈도에 전시된 듯한 느낌이 들기도 한다. 게다가 자신의 이미지를 통제할 수 없다는 점 또한 곤혹스럽다. 사진의 경우 어떤 포즈나 표정을 취해서 찍을 수 있고, 촬영한 다음 마음에 드는 것만 골라 업로드하거나 전송할 수 있다. 이른바 '뽀샵'을 해서 더 매력적으로 꾸미는 방법도 날로 향상된다. 그런데 화상회의 시스템에서는 지금 이 순간의 모습을 '날것'으로 노출시킬 수밖에 없다. 그러면 다른 사람들과 자연스레 비교되기 마련이다. 그들의 장점이 돋보이는 가운데 자신의 단점에 자꾸 마음이 쓰이면서 열등감에 사로잡히기 쉬운 것이다. 물론 줌에도

대면 비대면 외면

피부를 깔끔하게 보정해주는 필터가 있지만, 자칫 부자연스럽게 느껴질 수 있다.

바로 그런 이유로 한국을 비롯한 많은 나라에서 코로나19 이후 미용 상담이 늘었고, 실제 성형수술로 이어지는 사례도 많았다고 한다.* 마스크를 쓰게 되면서 오프라인 공간에서는 예전에 비해 얼굴 꾸밈에 신경을 덜 쓰게 된 반면, 온라인의 경우 화상 미팅이 잦아지면서 더욱 민감해진 것이다. 온라인 수업이나 화상회의에서는 주로 얼굴만 드러내기 때문이다. 그 공간에서 어떤 이미지로 '디스플레이'되는가는 자존심 내지 자존감으로 직결되고, 동료 관계나 업무 수행에도 영향을 미칠 수 있다. 말하자면 매력의 불평등이 첨예화되는 것이다.

외모만이 아니다. 화면에는 자신의 사적 공간이 노출된다. 자신의 집 안을 보여주고 싶지 않으면 배경 화면을 바꿀 수 있지만, 다른 참가자들이 근사한 집에서 우아하게 살아가는 모습을 자연스럽게(또는 과시적으로) 보여주면 은근히 주눅 들기도 한다. 학교나 직장에서 만날 때는 그다지 문제 되지 않던 주거의 '수준'이 공공연하게 비교되는 것이다.

시각적으로 드러나는 차이만 문제 되는 것이 아니다. 집 안

---

* 국제학술지인 『국제 여성피부과 저널*International Journal of Women's Dermatology*』 2021년호에 발표된 코로나19 유행 이후 미용 시술과 관련된 논문에 따르면, 134명의 미용 전문가를 대상으로 조사한 결과 미용 상담이 늘었다고 한다. 한데 그중 86.4퍼센트가 화상회의 때문이라고 응답했다(김기찬, 「재택근무가 부른 뜻밖의 부작용… 불평등의 심화」, 『중앙일보』 2021. 12. 28).

의 물리적 여건이 너무 열악하거나 육아나 돌봄 등으로 화상 커뮤니케이션에 온전히 집중할 수 없는 경우, 그 자체로 자괴감에 빠지게 된다. 등교나 출근을 하는 경우라면 잠시 빠져나올 수 있는 굴레에 계속 갇혀 있기 때문이다. 코로나19로 인해 재택근무와 온라인 수업이 장기화되면서 불평등이 심화되는 고리 가운데 하나가 바로 거기에 있다고 분석된다. 이 모든 요인이 결합되어 이른바 '줌 피로Zoom fatigue'라는 말이 생겨났다.

실재감을 높이려면

비대면 수업을 마치고 날 때마다 허탈감으로 마음이 진공 상태가 된다. '실물 강의실'에서 자연스럽게 온몸으로 감지할 수 있는 '수업의 아우라'를 온라인에서는 느낄 수 없기 때문이다. 〔……〕 작년 말 어느 대학에서 요청한 온라인 특강을 맡아 진행했다. 60~70명쯤 되었던 참여 학생들의 줌 화면 가운데 70퍼센트가 까맣게 꺼져 있었다. 상대가 누구인지, 왜 내 강의를 듣게 되었는지, 내 말이 공감되고 있는지 전혀 알 수 없었다. 랜선 저 너머에 존재하는 화면 속 '검은색 격자'들이 내게 '시계 제로' 상황을 만들어주었다.

나는 정보 전달자로 온라인 유령처럼 떠돌기를 거부한다. 나는 정보나 지식, 경험의 단순 소유자가 아니다. 내 의지와 열정을

대면 비대면 외면

버무려서 미지의 삶을 헤쳐 나가고 싶은 실존 인물이다. 어떤 방향이 옳은지, 최선인지 잘 모르겠기에 함께 질문을 던지며 답을 찾고자 하는 사람을 기다린다. 만남은 교육에 선행한다.[*]

화상회의 공간은 점점 넓어지고 있지만, 그 안에서 지켜야 할 암묵적 규범이 아직 정착되지 않았다. 가장 쟁점이 되는 것은 얼굴 노출이다. 학교 수업이나 성인 대상 강의를 줌으로 할 때 화면을 꺼놓는 참가자들이 적지 않다. 초·중·고등학교의 경우에도 마찬가지인데, 수업을 이끌어가는 교사 입장에서 사뭇 곤혹스럽다. 자신의 이야기가 제대로 전달되는지 확인할 수 있는 피드백의 회로가 완전히 닫혀 있는 가운데, 허공이나 벽에 대고 말하는 느낌이다. 학생들이 저쪽에서 무엇을 하는지 알 수 없고, 심지어 출석만 체크하고 아예 다른 곳에 가 있어도 확인하기가 어렵다. 나도 대학 수업에서 똑같은 상황을 겪게 되어 ─ 불가피한 사정이 있는 경우에만 사전에 알려달라고 하면서 ─ 카메라를 의무적으로 켜도록 하는데, 일부 교수들은 학생들로부터 인권 침해라는 비판과 반발에 부딪히기도 했다.

최근에는 또 다른 양상이 나타나는데, 화면을 켜놓았지만 수강생이 보이지 않는 것이다. 의무적으로 수강해야 하는 직원 연수 등에서 자주 있는 상황으로, 화면을 꺼놓으면 출석이 인

---

[*]　이병곤.「'접촉의 기억'으로 곁에 살아계신 스승들」.『한겨레』 2022. 2. 10.

정되지 않으니 편법으로 카메라는 켜놓되 다른 일을 보는 식이다. 사람 없이 텅 비어 있는 공간들은 꺼져 있는 화면과 별반 다르지 않다. 그런가 하면 얼굴을 비치기는 하는데, 다른 사람과 잡담을 나누거나 전화 통화를 하는 경우도 적지 않다. 마이크를 꺼놓아서 소리는 들리지 않더라도 행동은 그대로 드러난다. 다른 일이나 대화에 몰두하는 수강생들을 정면으로 바라보면서 강의하는 것은 대놓고 외면당하는 듯한 느낌을 불러일으킨다.

이 문제는 앞으로 계속 중요한 쟁점이 될 것이다. 강의를 하는 입장에서는 오프라인 강의실에 최대한 근접하는 상호작용을 원한다. 반면 수강생의 경우 저마다의 사정이 있고, 최대한 편안하게 강의를 듣고 싶어 한다. 그 사이 어디에선가 적절한 합의점을 찾아야 한다. 이것은 결국 공간을 어떻게 규정하는가의 문제와 직결된다. 강의실은 일종의 공공장소이기에 몸과 얼굴 그리고 목소리를 온전히 드러내야 한다는 의견이 있을 수 있다. 또 다른 의견으로, 각자의 몸은 사적 공간에 있고 얼굴도 사생활의 일부이기에 드러내지 않을 권리를 주장할 수 있다. 사회적으로 발언을 하고 주류 미디어에 글을 쓰는 사람들은 대부분 강의를 하는 입장이다 보니 지금은 전자의 주장이 더 크게 들리고 있지만, 앞으로 다양한 생각들이 교환되고 토론되어야 한다.

메타버스 시대가 활짝 열려 교육에도 활용된다면 그 문제는 더욱 첨예해질 수 있다. 만일 학생들이 아바타로 입장하여 수업을 듣는 시스템이 도입된다면, 화면을 켜야 하느냐의 문제

대면 비대면 외면

는 사라질 것이다. 그러나 아바타가 교실에 앉아 있다면 가면을 쓰고 들어와 있는 것과 다르지 않다. 그래도 괜찮을까. 기술혁명의 성과를 교육에 다방면으로 접목하여 미래 세대의 디지털 지능을 높여주는 것은 중요한 과제인데, 교실의 디자인에서 얼굴을 아바타로 대체하는 것도 하나의 선택지(옵션)로 상정해야 할까.

이것은 교육의 본질을 되묻게 한다. 단순히 지식만 전달하는 학원 강의라면 문제가 되지 않을 수 있다. 또는 학교 수업이라도 가상의 세계에서 역할 놀이를 하거나 색다른 예술 활동을 하는 경우라면 아바타는 매력적인 도구가 된다. 하지만 인격적인 만남 속에서 소통하고 함께 경험을 창조해가는 장場이라면 이야기가 달라진다. 그 공간에서는 자아를 드러내 보여주어야 하고, 이는 온라인에서도 마찬가지다. 온전한 교육이 이뤄지기 위해서는 모름지기 서로의 존재가 가시화되어야 하는 것이다. 그것은 마주 보는 시선을 통해서 이뤄진다.

물론 그것은 최소한의 전제 조건일 뿐이다. 핵심은 함께 있음을 확인하면서 마음으로 연결되는 것이다. 말하자면 '실재감'인데, 1차적으로 교사 실재감teaching presence이 중요하다. 교사 실재감이란 '학생이 교사가 어딘가에 존재한다고 느끼고, 학생 자신도 거기 속해 있다고 느낌으로써 학습을 가능하게 하는 것'으로, 학습 만족도와 효과성에 긍정적 영향을 미치는 요소로서 거론된다. 단지 물리적으로 교사의 존재를 느끼는 것이 아니라 그가 왜 이 내용을 가르치는지, 무엇을 중요하게 생각하는지 등 교사의 수업 의도와 목표를 공유하는 것을 뜻한다. 이는 오프라인 교실에서는 물론이고 온라인 수업에서 더욱 중요하게 부각된다.* 그런 교사의 존재감을 공유하며, 학생들 사이에서 어떤 주제나 과제를 매개로 상호작용이 이뤄질 때 역동적인 배움이 일어날 수 있다.

카이스트 과학기술정책대학원의 전치형 교수는 2년 동안 온라인 수업을 하면서 학습 공동체의 본질에 대해 깨닫게 된 점을 다음과 같이 말한다. "온라인 수업에서 우리가 놓친 것, 테크놀로지가 아직 제공하지 못하는 것이 있다면 그것은 각자 다른 경로로 한자리에 모인 사람들이 바깥 세계의 위험을 견뎌내는 가운데 뭔가 중요한 질문에 함께 매달리고 있다는 감각이다. 그 감각을 일깨워 작은 학습 공동체들을 다시 꾸리는 것이 지금 우리에게 필요한 대면 수업의 기술이다."** 어떤 공통의 과제를 중심으로 마음이 이어지는 것, 무엇인가를 함께 탐구하면서 내면이 확장되는 감각은 교육이 결코 놓칠 수 없는 실재감이 아닐까.

다른 한편, 수업과 관계없이 온라인에서 독특한 실재감을 살리며 학습 효과를 높이는 젊은이들이 있다. 혼자 방이나 독서

---

* 신을진. 『온라인 수업, 교사 실재감이 답이다』. 우리학교. 2020.

** 전치형. 「대면의 기술」. 『한겨레』 2022. 2. 4.

실에서 공부하되 줌을 켜놓고 친구들과 접속하는 것이다. 간단한 인사만 나누고 각자 공부에 열중하는데, 몸은 따로 있지만 마치 한 공간에 함께 있는 것 같은 기분이 들어 '열공'할 수 있다고 한다. 과연 디지털 네이티브 세대답다. 새로운 매체가 등장하면서 삶의 환경이 빠르게 변하고 세대에 따라 감수성 또한 많이 달라지고 있음에도, '연결'에 대한 열망은 변함이 없는 것이다. 코로나19로 인해 확장된 온라인 공간은 사람들을 고립시키는 한편, 새로운 방식의 공동체를 실험할 수 있도록 길을 열어주고 있다.

3부

외면

고개를 돌리고 시선을 피하고

1

대면의 반대말은
비대면이 아니다

몸은 이곳에 있지만

어느 날 마음이 잠들어 있는데 친구가 찾아왔다

마음도 없이 문을 열어주었다

깜빡 마음이 잠들어 있는데 애인에게 전화가 왔다

마음도 없이 길게 통화했다

—— 김중일, 「마음의 잠」 부분*

　　처음 보는 사람과 마주하는 것은 모종의 긴장을 수반한다.
그래서 어른이 되어서도 여러 사람이 모이는 자리에서는 지인
들끼리 둘러앉는다. 말하자면, 낯을 가리는 것이다. 일상이 분

＊　　『만약 우리의 시 속에 아침이 오지 않는다면』, 문학과지성사, 2022.

주해지고 생존의 압박에 시달려 심신이 고갈되면, 새로운 만남 자체가 버거울 수 있다. 수많은 사람이 밀집해 살아가는 복잡한 도시에서 낯선 사람의 존재는 더욱 부담스럽다. '낯설다'라는 말에서 '설다'는 '익지 않아 서먹하고 어색하다'는 의미를 담고 있다. 설익은 과일처럼 상대방의 얼굴이 불편하게 느껴질 때, 우리는 고개를 돌리고 딴전을 피운다.

오래전에 어느 시민단체 실무자가 들려준 경험이다. 청소년 동아리를 만들어 회원을 모집했는데 열 명 정도가 가입했다. 처음 얼마간은 인터넷 카페에서 만나 여러 활동을 구상하면서 관계를 다져갔다. 그러다가 캠프가 열려 모두 한자리에 둘러앉게 됐다. 충분한 관계를 형성했으니 친숙하고 편안한 대화가 오갈 것이라 생각했지만, 예상과 달리 어색한 분위기가 이어졌다. 처음 본 얼굴들에 무척 겸연쩍어했고, 그런 분위기는 캠프가 끝날 때까지 별반 달라지지 않았다고 한다. 온라인 공간에서는 그토록 활기차게 소통하던 아이들이 막상 대면하니 쑥스러웠던 것이다.

얼굴을 자주 보는 사람들끼리도 서먹해지는 경우가 있다. 특별히 껄끄러운 일이 있었던 것도 아닌데 관계가 어색하다. 상대방의 얼굴을 바라보지만 시선이 자꾸만 흩어지고, 안부를 묻거나 축하해주는데 '영혼'이 없는 말로 떠다닌다. 내 말에 귀를 기울이는 듯해도 건성으로 흘려듣는 것만 같다. 앞서 인용한 시구처럼 찾아온 친구를 '마음도 없이' 맞아들이고, 애인과 길게 통화할 때도 마찬가지다. 몸은 여기 있지만 마음은 다른 곳에 가 있다. 정보가 폭증하고 두뇌에 과부하가 걸리기 쉬운 미디어 환경에서, 우리는 상대방을 온전하게 대면하기 어려운 정황을 자주 맞닥뜨린다.

그런 점에서 대면과 비대면의 이분법만으로는 상황의 본질을 파악하기 어려운 측면이 있다. 오프라인에서도 '비대면'이 있을 수 있고, 온라인에서도 '대면'(2부 3장에서 언급한 '디지털 대면')이 이뤄질 수 있다. 한 공간에 머물러 있어도 각자 다른 세계에 빠져 있다면 사실상 대면하는 것이 아니다. 반면, 물리적으로 떨어져 있지만 화상 시스템을 통해 서로를 오롯이 응시하며 속 깊은 이야기를 나눈다면 충만한 대면이 경험된다. 대면이냐 비대면이냐가 아니라, 마음이 어디로 향하는가가 중요하다. 그런 점에서 대면의 반대말은 비대면이 아니라 '외면'이다.

직면의 어려움

'외면'의 사전적 정의는 '상대한 사람과 마주 대하기를 꺼리어 얼굴을 다른 쪽으로 돌려버리는 것'이다. 우리는 누구를, 어떤 이유로 외면하는가. 싫어하는 사람을 의도적으로 무시하는가 하면, 아무 생각 없이 상대에게 소홀해질 때도 있다. 왜 소홀해지는가. 상대방을 업신여기는 마음 때문일 수 있다. 또는 산만한 환경에서 주의력이 떨어져서일 수도 있다. 빡빡한 진료 스케줄에 쫓겨 모니터에서 시선을 떼지 않는 의사처럼, 효율을 앞세우다 대면의 교감을 하지 못하는 것이 전형적인 경우다. 시스템의 속도에 치여서 마음을 놓치는 것이다.

두려움이 외면을 낳기도 한다. 내 잘못이나 약점을 추궁하는 사람을 똑바로 바라보기는 무척 어려운 일이다. 불안에 휩싸이면 안으로 움츠러들면서 외부 세계를 차단하게 된다. 권력의 격차가 큰 사람들 사이에는 편안한 시선이 오가기 어렵다. 힘의 우열이 억압적으로 작용하는 관계에서 약자는 강자의 눈치를 볼 수밖에 없다. 자신의 실수나 허물이 드러날까 봐 두려운 마음에 수동적이고 방어적인 태도를 취하는 것이다. 마음의 문을 열지 못하면 상대를 정면으로 응시하기가 어렵다.

두려움을 일으키는 것은 사람만이 아니다. 받아들이고 싶지 않은 현실이나 감당하기 어려운 갈등이 생겼을 때 어떻게 하는가. '애써' 외면할 때가 많다. 마주하는 것이 무서워서 자꾸 회피하게 되는데, 그럴수록 문제가 더 꼬인다. 상황을 직면해야 해법을 찾을 수 있다는 것을 알면서도 모면하려고만 든다. 2021년에 출시되어 화제를 모은 영화 「돈 룩 업」(애덤 매케이 감독)은 그런 상황을 흥미롭게 묘사한다. 두 천문학자가 지구를 향해 날아오는 혜성을 발견하고 6개월 후에 종말이 온다고 경고하지만, 대통령과 언론, 대기업 CEO는 저마다 이해관계만 따지느라 현실을 받아들이지 않는다. 책임 있는 주체들이 외면

대면 비대면 외면

하는 동안, 인류 전체가 파멸로 치닫는다.

영화의 메시지는 분명하다. 룩 업! 영화의 끝부분에서 지구에 아주 근접한 혜성을 누구나 육안으로 확인할 수 있게 되자, 그동안 '돈 룩 업!'을 외치던 시민들도 이제는 하늘을 올려다본다. 현실을 직면할 수밖에 없는 상황이 된 것이다. '직면하다'는 '정면으로 맞닥뜨리다'라는 뜻으로, 말하자면 '대면'하고 '직시'하는 것이다. (영어로는 'face'인데, 거기에서도 얼굴의 이미지를 원용한 것이 흥미롭다.) 어떤 상황이나 진실을 직면하는 것은 불편을 감수해야 할 때가 많고, 커다란 용기가 요구되기도 한다.

정신 질환의 하나인 강박증을 치료할 때도 직면을 훈련하도록 한다. 강박증은 본인의 의지와 무관하게 어떤 생각이나 장면이 떠올라 불안해지고, 그 불안을 없애기 위해 일정한 행동을 반복하는 질환이다. 몸이 더러워졌다는 느낌에 손 씻기나 샤워를 계속한다거나, 문을 잠갔는지 가스 불은 끄고 나왔는지가 미심쩍어 자꾸만 확인한다거나, 물건을 똑바로 혹은 직각이나 대칭으로 배열해야 한다거나, 쓸데없는 잡동사니를 버리지 못하고 집 안에 잔뜩 쌓아두는 등 여러 가지 증세로 나타난다. 그런 행동의 바탕에는 조절되지 못하는 어떤 불안이 깔려 있다.

이 증상을 치료하기 위해 약물을 쓰기도 하지만, 행동 치료를 시도하거나 병행하는 것이 일반적이다. 그중 하나가 '노출 및 반응 방지'다. 먼저 불안을 유발하는 대상 혹은 상황에 환자를 일부러 노출시킨다. 예를 들어 청결 강박의 경우, 손을 더럽

힌 다음 그것을 똑바로 바라보게 한다. 저장 강박의 경우엔 물건들을 싹 치워버리는 영상을 시청하게 한다. 처음에는 당연히 견딜 수 없다. 그래도 외면하지 않고 계속 응시해야 한다. 안에서 올라오는 불안도 가만히 지켜본다. 두렵게 하는 자극에 자기를 노출하되, 반응하거나 행동하지 않는 것이 핵심이다. 그렇게 마주하여 느끼는 것을 여러 차례 반복하다 보면, 감당할 수 있는 수준과 범위가 넓어져가는 것을 알아차리게 된다.

정도의 차이가 있을 뿐, 누구나 강박과 불안을 지니고 살아간다. 어떻게 줄일 수 있을까. '노출 및 반응 방지' 기법은 질환 수준의 강박증이 아니라 해도 치우친 마음을 조절하는 데 참고가 된다. 우선 자신의 모습을 정직하게 인식하는 데서 출발해야 한다. 평가와 판단을 하지 않고, 있는 그대로 받아들이는 것이다. 원치 않는 상황에서 올라오는 불편한 감정, 그로 인해 꼬리에 꼬리를 물고 이어지는 온갖 상상을 정면으로 마주해야 한다. 힘들면 힘든 대로 그냥 견딘다. 그러다 보면 자연스럽게 흘러가 버린다. 그리고 비합리적으로 뒤얽히는 생각과 감정에서 조금씩 벗어날 수 있다. 물끄러미 마음을 바라보고 있노라면, 상황에 대해 거리두기가 가능해지고 두려움을 향해 살짝 미소도 지을 수 있다.

원리는 간단하지만, 막상 실행하려면 만만치 않은 일이다. 노자가 말한 '위무위 즉무불치爲無爲 則無不治'라고 할까. 무위를 행한다는 것, 즉 아무것도 하지 않는 것을 한다는 것은 마음을 비우고 순리를 따르는 일이다. 그러면 다스려지지 않는 것이 없다. 꾸준하고 집요한 수행을 통해서만 이를 수 있는 경지로 보인다. 어쩌면 그것은 어린아이의 단순함과 투명함을 회복하는 것인지도 모른다. 그런 마음을 잃어버리게 한 삶의 정황들을 복기하면서, 나의 속사람에게 조용히 말을 걸어보면 어떨까.

2

외면하는
까닭

사람이 보이지 않는 환경

조정래 작가가 1978년에 발표한 소설 『외면하는 벽』은 도시 곳곳에 아파트가 들어서기 시작하던 무렵의 어느 동네를 그려냈다. 13평짜리 작은 집들엔 가난한 사람들이 따닥따닥 붙어 살고 있다. 어느 날 저녁 305호에서 크게 울부짖는 소리가 들린다. 노부부가 살던 집인데 남편이 병고 끝에 세상을 떴고, 아내가 슬픔을 이기지 못해 목청을 높인 것이다. 몇몇 주민들이 곡성을 듣고 깜짝 놀라 뛰어나온다.

"죽은 사람은 누구래요?" 또 한 여자가 노골적인 호기심을 드러내며 물었다. "이거 참 큰 야단났네. 시체를 이고 어떻게 잠을 자고 어떻게 밥을 먹나 그래. 재수가 없을래니까 별일이 다

생기네." 금방 시체에서 썩은 물이라도 뚝뚝 떨어지는 듯이 여자는 계속 진저리를 치며 아예 말대꾸에는 신경을 쓰지 않고 있었다. 옆에 서 있던 세 여자는 비로소 자기들 바로 위층에 시체가 누워 있다는 가정을 제각기 실감하게 되었다. 과연 어떻게 잠을 자고, 어떻게 밥을 먹을 수 있다는 것인가. 생각만 해도 소름이 끼칠 일인 것이다.*

결국 통장 등 주민 일곱 명이 그 집을 찾아가 가족들에게 조의를 표한 다음 정중하게 부탁한다. 이곳은 아파트니까 큰 소리로 우는 것을 삼가달라고. 그리고 장례일도 단축해달라고. 할머니는 사흘도 짧은데 어떻게 그럴 수 있느냐고 따졌지만, 아들이 나서서 진정시킨다. 할머니와 아들은 주민들의 완강한 눈빛에 고개를 떨구고 간청을 받아들이게 된다. 할머니는 서러움에 복받쳤으나 차마 소리를 낼 수 없어서 손수건으로 입을 틀어막고 울음을 터뜨린다. 가족들은 그날 밤 서둘러 장의사를 불러 입관을 하고, 다음 날 아침 영구차에 신는다. 아들의 부축을 받으면서 차에 오르는 할머니는 수건으로 입을 틀어막고 있다. 드디어 차가 아파트촌을 벗어나자 수건을 떼고 통곡을 하기 시작한다.

거의 반세기 전에 나온 작품이라서 그렇겠지만, 동네가 냉

---

* 조정래. 『외면하는 벽』. 해냄. 1999. 259쪽.

랭하기는 해도 지금처럼 이웃 관계가 끊어진 상황은 아니다. 하지만 가족을 잃은 이웃의 슬픔에 동참하기는커녕, 곡하는 소리에 진저리치고 시신이 가까이 있다는 것을 재수 없어 할 만큼 비정해졌다. 주민들 가운데는 불과 얼마 전까지만 해도 농촌에서 생활하며 함께 장례도 치르고, 곡성을 자연스럽게 받아들인 사람도 있을 것이다. 그런데 도시로 이주해오고 아파트에 살게 되면서, 다른 사람이 자신의 안락함을 깨뜨리지 않을까에만 노심초사한다.

무엇이 그렇게 만들었을까. 작품의 제목에 '벽'이라는 단어가 들어 있다. 할머니에게 울음을 자제해달라고 부탁하러 간 주민들은 거주 공간의 특성을 강조한다. "벽 하나를 사이에 놓고 위아래, 양옆으로 사람들이 사는" 아파트니까 큰 소리를 삼가 달라고 한다. 물리적 환경이 심리적 상태와 사회적 관계를 바꿔놓았음을 보여주는 대목이다. 아파트apartment라는 단어에서 'apart'는 '떨어진' '분리된' '분해하는' '따로' '산산이' 등의 의미를 담고 있다. 아파트는 고도로 밀집된 집합 주택이지만, 각 가구를 철저하게 갈라놓는 구조물이다.

그동안 도시가 확장되고 아파트가 높아지면서, 우리 삶터에는 여기저기 벽들이 계속 늘어났다. 벽은 공간을 구획 짓는 물질이지만, 관계나 교류의 차단을 비유할 때 사용하는 상징이기도 하다. 벽이 세워져 있으면 대면이 어렵다. 옆집에 누가 사는지 모르고, 살아가는 모습도 보이지 않는다. 하물며 다른 동네 사정은 더욱 눈에 들어오지 않는다. 도시가 계층에 따라 지리적으로 분절되면서 부자나 중산층이 가난한 이웃을 피부로 접하기가 어려워졌다. 가끔 미디어가 그들의 처지를 전해주지만 값싼 동정의 대상으로 소비되기 일쑤고, 그나마 채널을 돌려버리면 그만이다. 외면이 간편해진 것이다.

작품의 제목에서 '벽壁'을 '벽癖'으로도 읽을 수 있지 않을까. '도벽' '방랑벽' 등에 들어가는 벽癖 자는 '고치기 어렵게 굳어진 버릇'이라는 뜻이다. 그러니까 '외면하는 벽癖'이라고 제목을 붙인다면, 이웃의 어려움에 고개를 돌려버리는 버릇이라고도 풀이할 수 있겠다. 타인의 곤경과 사회의 부조리에 나 몰라라 하는 것이 마음의 습성이 된 세상이다. 그 속에서 신뢰라는 사회적 자본은 점점 고갈된다. 타인에 대한 감각도 희미해지거나 왜곡되어간다.

두려움과 혐오

2017년 서울시교육청이 강서구에 장애인 특수학교를 세우려 할 때 일부 주민들이 '결사반대'에 나선 일이 있었다. 그들을 설득하기 위해 주민 토론회가 열렸는데, 그 자리에서도 반대하는 주민들이 격렬하게 당국을 성토했다. 그때 장애인 자녀를 둔 부모들이 갑자기 강당 바닥에 무릎을 꿇고 설립을 허락해달라고 애원했고, 그 장면을 찍은 영상이 SNS를 통해 널리 퍼져나갔다. 토론회에서 거친 언사로 특수학교 설립 계획을 비판하는 주민에게 장애아를 키우는 어느 어머니가 물었다. 도대체 우리 아이들이 왜 그렇게 싫냐고, 무엇이 문제냐고. 반대운동을 주도하던 어느 주민이 대답했다. "그냥 싫다."

2021년 서울시장 재보궐 선거에 출사표를 던진 안철수 씨는 후보자 토론회에서 성 소수자들의 축제인 '퀴어 퍼레이드'에 대한 의견을 질문받고 이렇게 답해 논란을 일으켰다. "도심 밖에서 해야 한다. 그 축제를 거부할 권리도 존중받아야 한다." 얼마 후 성 소수자 김기홍 씨가 그 발언에 충격받아 목숨을 끊었는데, 그는 마지막으로 SNS에 이런 글을 남겼다. "보이지 않는 시민, 보고 싶지 않은 시민을 분리하는 것 자체가 주권자에 대한 모욕이다."

사람들은 저마다 가치관이나 취향을 갖고 살아간다. 그것이 비슷할수록 관계 맺기가 쉬워지고 집단의 결속력도 높아진다. 전통사회에서는 대체로 동질적인 문화를 공유했기에 그 내부 갈등이 비교적 첨예하지 않았다. 그에 비해 현대사회는 전혀 다른 생각과 정서를 가진 사람들이 뒤섞여 살아간다. 다양성은 즐거움과 창의성의 원천이 되기도 하지만, 이질감을 자아내면서 마찰을 불러일으키는 원인이 되기도 한다. 후자의 경우, 역학 관계에 따라 한쪽이 다른 쪽을 일방적으로 배척하는 상황으로 비화되기 쉽다. 장애인이나 성 소수자가 보기 싫다는 선언은 전형적인 사례 가운데 하나다.

왜 보고 싶지 않은가. 자기를 위협한다고 느끼기 때문이다. 인간은 대상을 자기 것으로 소유하려는 욕망을 갖고 있다. 자신에게 체화된 삶의 문법에 상대방을 온전히 포섭하고 싶은 것이다. 근대적 주체는 그러한 자기 동일화의 경향을 강하게 드러낸다. 하지만 어차피 사람은 제각각이기에 자기 질서로 환원되지 않는 부분이 있을 수밖에 없다. 그것을 수용하려면, 자기 아닌 다른 사람의 눈을 통해서 이해해야 한다. 철학자 레비나스는 그것을 '타자성altérité'이라고 불렀다.* 결코 대상화하거나 환원할 수 없는 절대적 타자성을 마주하게 될 때 우리는 불편함 또는 불쾌함을 느끼게 된다. 그것을 견디지 못하고 다름을 제거해버리려는 충동이 폭력적으로 표출되기도 하고, 그 에너지가 집단화되어 전체주의로 나아가기도 한다.

그런데 그러한 타자성은 자기 안에도 존재한다. 나의 자기 동일성 즉 정체성이 내 모든 것을 담아낼 수 없기 때문이다. 스스로 알아차리지 못했던 내 안의 이질성을 문득 마주칠 때가 있다. 다른 사람과의 만남이 그 계기가 될 수 있다. 자기 삶에 내재되어 있는 타자성을 일깨워주는 타인을, 사회학자 엄기호는 '손

---

* 로봇을 친구로 여길 경우 가장 먼저 잃게 되는 것은 타자성alterity, 즉 다른 이의 눈을 통해 세상을 보는 능력이다. (⋯⋯) 반려동물은 아이들에게 책임감과 의무감을 가르쳐주지만, 로봇에게는 책임감 없는 애착을 허용한다. 사랑을 베풀다가도 언제든 돌아설 수 있다(셰리 터클, 『외로워지는 사람들』, 이은주 옮김, 청림출판, 2012, 311~318쪽).

님'이라고 칭한다. 주인이 손님을 맞이하면서 깨닫게 되는 것은, 자신이 태초부터 주인이 아니라 그 집 혹은 그 땅의 첫번째 손님에 불과하다는 사실이다. 그것을 알아차리면 '환대'로써 감사를 표한다고 한다. 물론 자신의 타자성을 받아들이지 못할 수도 있는데, 그때는 환대가 아닌 적대감을 드러낸다. 엄기호 교수의 말을 들어보자.

> 자신의 타자성을 발견하는 데서 오는 환대와, 자신의 타자성을 부정하고 싶을 때 나타나는 적의가 동일한 어원을 갖는 것은 특히 의미심장하다. 환대는 'hospitality'이고 적의는 'hostility'다. 이 두 가지 말은 'host'라는 같은 어원을 지니며 여기서 host는 '주인'이자 '손님'이라는 뜻을 동시에 지닌다. 즉, 자신의 타자성을 발견하는 두 가지 태도에서 정반대의 행동이 나타날 수 있다. 환대는 자신의 타자성을 깨닫게 해준 것에 대해 감사해하며 첫번째 손님이라는 위치로 돌아올 때 발생한다. 반면 적의는 내가 주인 노릇 잘하고 있는데 괜히 나의 타자성을 발견하게끔 하고 대면하게 하는 상대방을 제거하여 그 사실을 영원히 감추고 싶을 때 생겨난다.*

---

* 엄기호, 『단속사회─쉴 새 없이 접속하고 끊임없이 차단한다』, 창비, 2014. 271~272쪽.

자기 안의 타자성을 대면하는 것은 두려운 일일 수 있다. 오랫동안 견지해온 세계관이 흔들리면서 존재가 위협받는다고 느끼기 때문이다. 따라서 그 단초를 제공한 타인을, 자아의 온전함을 훼손하는 이물질처럼 여긴다. 기생충 같은 벌레로 취급하면서 아예 시야에서 사라지게끔 박멸하려고 한다. 이러한 비인간화의 바탕에 깔려 있는 선입관과 편견은 동질적인(엄밀히 말해 스스로 동질적이라고 여기는) 사람들의 비좁은 응집 속에서 증폭되고, 이질적인 집단을 더욱 철저하게 배제하려는 움직임으로 나아간다. 모습이 드러나지 않도록 밀어낼뿐더러 목소리도 들리지 못하게 그들의 입을 막거나 자신의 귀를 닫는다. 2022년 장애인들이 이동권을 확보하고자 시민들에게 불편함을 끼쳐가면서 지하철 시위에 나서게 된 것도, 정치인과 미디어 등 사회의 주류 세력이 그들의 아우성을 묵음mute 처리해왔기 때문이다.

그러한 배타와 무시에는 혐오 감정이 깔려 있다. '혐오'는 무엇인가. 혐嫌은 싫어한다, 오惡는 미워한다는 뜻이다. 둘은 약간 다르다. 우리는 벌레나 뱀을 무서워하거나 징그럽게 여기면서 기피하지만 미워하지는 않는다. '싫다'는 것이 수동적이고 소극적인 반응에 머무는 데 비해, '미워한다'는 것은 능동적이고 적극적인 행동으로 나아갈 가능성이 높다. 혐오는 그 모든 스펙트럼을 다 아우른다. 혐오에 해당하는 영어가 'hatred'나 'disgust'인데, 거기에도 비슷한 뉘앙스가 포함되어 있다.

다시 말해 혐오감은 싫음과 미움의 복합체로서, 거기에 적개심, 우월감, 두려움 등의 감정도 혼재되어 있을 수 있다. 특히 공포감과 강한 친화력을 갖는다. 따라서 그 대상에 대한 태도도 여러 가지 모습으로 드러난다. 회피, 외면, 격리, 비아냥, 멸시, 조롱, 모욕, 악마화, 적대시, 비난, 공격, 정죄, 저주…… 이 모든 것이 합성되면 이른바 '극혐'이 될 것이다. 혐오의 수위가 점점 높아져서 극단에 이르게 되는 현상을 가리키는 신조어다. 누군가가 조금만 마음에 들지 않아도 '극혐이야'라고 서슴없이 내뱉는다. 과장법인 경우가 대부분이지만, 언어와 마음은 상호 순환적이다. 극단적인 표현을 통해 감정은 증폭된다. 사회는 점점 난폭해진다.

안하무인의 오만함

만일 당신이 어느 모임에서 지인을 만나 반가운 얼굴로 악수를 건넸는데, 아예 눈길을 피하면서 무시해버린다면 기분이 어떨까? 사뭇 당황스럽고 참담할 것이다. 실제로 그런 상황이 벌어진 적이 있다. 2022년 6월 모 정당의 최고위원회의에서 일어난 해프닝으로, 언론을 통해 널리 알려지며 화제가 되었다. 그날 B 최고위원은 회의 참석을 위해 자리에 앉아 있다가 당 대표인 L씨가 도착하자 일어나 걸어가며 악수를 청했다. 그러자

L씨는 손사래를 치듯 B 의원의 손을 옆으로 밀쳐낸 다음 자리에 앉았다. 두 사람은 혁신위원회 운영 방향 및 최고위원회 회의 공개 여부를 둘러싸고 몇 차례 충돌한 바 있고, 거기에서 쌓인 앙금이 그런 '악수 패싱'으로 표출된 것이다.

그와 비슷한 일이 2012년 다른 정당의 의원들 사이에서도 일어난 적이 있다. 여의도 국회의사당에서 그 당의 의정지원단 회의가 열렸는데, 당시 원내대표였던 S 의원이 회의 테이블에 앉으면서 맞은편에 있는 R 의원에게 악수를 건넸다. R 의원은 시선을 다른 곳에 두며 웃기만 할 뿐 응대하지 않았다. 몇 달 뒤 똑같은 일이 같은 당의 다른 위원과의 만남에서 재연되었다. 어느 민간단체가 주최한 행사에 참석한 S 의원이 먼저 와 앉아 있던 Y 의원을 향해 자연스럽게 손을 내밀었으나, 그는 눈길조차 주지 않고 정면의 무대만 바라보면서 박수를 쳤다. 상대방을 완전히 투명인간 취급 하면서 굴욕감을 준 것이다. 두 사건 모두 그동안 쌓여왔던 당내 갈등과 분당分黨 과정에서 생겨난 감정의 골이 고스란히 드러난 것으로 풀이된다.

아주 독한 마음을 먹지 않으면 하기 어려운 행동이다. 짐작건대 두 경우 모두 머릿속에서 여러 번 시뮬레이션하며 준비하지 않았을까. 아무리 사이가 나쁘더라도 상대방이 웃으면서 인사를 건네면 자동적으로 반응하게 되기 마련이다. 인사는 일상에서 가장 자주 행해지는 '의례'이고, 그것을 위반하는 것은 상대방에 대한 공격으로 여겨질 수 있기 때문이다. 왜 그럴까?

의례의 사전적 정의는 '어떤 행사를 치르는 법식이나 정해진 방식에 따라 치르는 행사'지만, 영어의 'ritual'이나 'ceremony'는 더 폭넓은 의미를 내포한다. 즉, 어떤 상황에서 언제나 동일한 방식으로 행해지는 것으로서 몸짓, 말, 행동, 사물 등의 요소들이 일정한 순서에 따라 조합되고 배열되는 형식을 가리킨다. 우리말에도 '의례'에서 파생된 단어인 '으레'가 비슷한 뉘앙스를 담고 있는데, '거의 틀림없이 언제나, 두말할 것 없이 당연히'라는 뜻을 지닌다.

따라서 의례는 예배나 기념식 같은 특별한 행사뿐만 아니라 다양한 사회적 만남에서 자연스럽게 행해진다. 인사나 악수는 가장 흔하게 경험되는 의례이며, 내가 이렇게 행동할 때 상대방이 '으레' 저렇게 반응할 것이라고 기대되는 암묵적 규약이라 할 수 있다. 그것은 우리가 공통의 세계에 살고 있음을 확인시켜주면서, 서로의 존재를 인정하는 상징적 코드다. 사회학자 어빙 고프먼은 대면 접촉 상황에서 상호작용의 의례를 통해 표현되고 유지되는 질서에 주목했다.* 그러한 의례적 규칙의 준수는 도덕적 의미를 지니는데, 김현경 교수는 그 핵심을 다음과 같이 요약한다.

---

* 어빙 고프먼. 『상호작용 의례 — 대면 행동에 관한 에세이』. 진수미 옮김. 아카넷. 2013.

개인은 (사회화를 거쳐서) 일단 사람이 되었다고 해도, 남의 도움 없이 계속 사람으로 살아갈 수 없다. 사회생활의 모든 순간에 그는 다른 사람들로부터 사람대접을 받음으로써 매번 사람다운 모습을 획득하는 것이다. 상호작용에 참여하는 개인은 그러므로 다른 참가자들의 사람다움을 확인해주고, 사람이 되려는 그들의 노력을 지지해줄 도덕적 의무를 갖는다. 역으로, 그는 남들이 자신을 사람으로 대우해주기를 기대할 도덕적 권리를 갖는다.*

인간이 사회적 동물이라고 할 때, 단순히 기능적으로 의존하고 협력하는 것만을 뜻하지 않는다. 협력은 개미에서 침팬지에 이르기까지 수많은 동물 집단에서도 정교하게 이뤄지고, 사회생물학이라는 학문 분야에서는 여러 種의 사회성을 관찰하고 비교·연구한다. 그렇다면 인간의 사회성은 어떤 점에서 각별한가. 바로 존재 의미 자체가 사회적 차원에서 발현된다는 점이다. 사람은 타인이 자신을 어떻게 바라보고 대우하는가에 따라 전혀 다른 처지에 놓이게 된다. 카프카의 『변신』은 그 점을 정확하게 짚어주는데, 가족마저 자기를 벌레로 취급하는 상황에서는 스스로 아무리 사람이라고 믿고 싶어도 근본적 한계에 부딪히기 마련이다.

---

* 　김현경. 『사람, 장소, 환대』. 문학과지성사. 2015. 116쪽.

사람다움은 타인(들)에 의해 끊임없이 확인되어야 한다. 우리가 만나고 헤어질 때 인사를 주고받는 중요한 이유 가운데 하나다. 몸짓과 표정과 말로 이뤄지는 미시적인 의례를 통해 인격에 대한 기본적 경의를 나누면서 관계의 안전함을 확인하는 것이다. 그 상호작용의 문법과 질서를 위반하는 것은 타자의 존엄을 위협하는 공격이 될 수 있다. 그런 점에서 상대방의 악수를 무시하는 것은 인간에 대한 최소한의 예의를 저버리는 모욕이자, 일종의 도덕적 폭력이라고도 할 수 있다.

하지만 우리 일상에서 상대방을 무시하는 일은 비일비재하다. 앞서 언급한 정치인들의 사례처럼 작정하고 따돌리는 경우는 많지 않고, 대부분은 자기도 모르게 소외시킨다. 무심無心코, 즉 아무 생각 없이 상대방을 배제하는 것이다. 그럴 의도가 없을뿐더러, 자신의 그런 행동을 의식하지도 못한다. 특히 높은 자리에 있는 사람일수록 자신의 성향을 알아차리지 못한 채 같은 행동을 반복하기 쉽다.

일례로, 몇 년 전 어느 국회의원이 공항을 통해 입국하면서 자신의 여행 가방을 수행원에게 밀어 건네는 장면이 화제가 된 적이 있다. 그는 수행원은 쳐다보지도 않고 가방을 비스듬히 툭 굴려 보냈는데, 누리꾼들은 그의 이런 행동에 '노 룩 패스no look pass'라 이름 붙였다. 노 룩 패스란, 농구에서 상대팀 수비수를 교란시키기 위해 자기 팀 선수를 보지 않고 공을 패스하는 플레이를 말한다. 그 국회의원은 논란이 일자 그게 뭐가 문제냐고,

왜 그런 걸로 시비를 거는지 모르겠다는 반응을 보였다.

한국처럼 위계 서열이 엄격한 사회에서는 리더들이 '안하무인眼下無人'의 습성을 갖게 될 가능성이 높다. 아랫사람들이 알아서 고개를 숙이고 비위를 맞추는 데 익숙해지다 보면, 자기도 모르게 약자를 업신여기는 방자함과 교만함이 체질화되기 마련이다. 그리고 그런 조직문화에서는 타인에 대한 감수성의 결여가 단점이 아닌, 오히려 처세에 유리한 자질로 작용하기도 한다. 권력을 차지하기 위해 모두가 수단과 방법을 가리지 않는 집단의 경우, 상대방을 배려하는 마음이 생존에 걸림돌이 될 수 있기 때문이다. 물론 장기적으로 볼 때 그런 조직은 경쟁력이 떨어질 수밖에 없다.

'예'의 본연을 회복해야 한다. 예禮란 무엇인가. 유교학자 허버트 핑가레트에 따르면, 인간의 상호 의존과 존경을 내용으로 하는 성스러운 의식儀式이다.* 극기복례克己復禮라는 말이 함축하듯, 자기를 넘어서는 곳에서 예는 실현된다. 겉치레에 집착하는 허례허식이나 사회 곳곳에 만연하는 '갑질'은 에고의 병리적 발현이다. 타인 위에 군림하고 예절을 강요하면서 자신의 존재 가치를 확인하는 것이 아니라, 상대방을 배려함으로써 오히려 자신의 격格이 높아지는 역설을 체득해야 한다. 예는 나이나 직

---

* 허버트 핑가레트. 『공자의 철학―서양에서 바라본 예禮에 대한 새로운 이해』. 송영배 옮김. 서광사. 1993. 32쪽.

급을 넘어서 쌍방향으로 갖춰야 하는 몸가짐이다. 그 상호 존중의 미학을 사회윤리로 정착시켜갈 때, 기형적 권력관계는 서서히 해체될 수 있다.

정신의 산만함

> 오늘날 우리는 옆에 사람을 두고 노골적으로 휴대폰과 바람을 피우며, 어찌 된 일인지 이러한 부정을 다 같이 수용하기에 이르렀다.
>
> ──노리나 허츠, 『고립의 시대』에서*

인터넷이 발달하지 않았던 시절, 외국에 나갈 일이 있을 때면 항공편을 알아보고 티켓을 예매하기 위해 여행사를 방문하곤 했다. 그런데 담당 직원과 상담을 하다 보면 종종 짜증 나는 순간이 생긴다. 다른 고객들로부터 전화가 걸려 올 때다. 직원은 바로 수화기를 들어 응대하는데, 국제 항공권에 대해 문의하는 경우 상담 시간이 길어지고 그런 전화가 연달아 걸려 오기도 한다. 그동안 나는 가만히 앉아 기다려야 했다. 직접 방문하여 순서를 기다렸다 직원을 만났음에도 불구하고, 전화로 문의해온

---

* 　노리나 허츠. 『고립의 시대』. 홍정인 옮김. 웅진지식하우스. 2021.

고객을 먼저 응대하는 시스템이 불합리하게 느껴졌다.

　대면보다 비대면이 우선시되는 일은 모바일 기기가 보급되면서 더욱 자주 발생하고 있다. 모두가 언제든 전화를 받을 수 있고 수시로 문자가 날아오는 상황에서 대화는 툭툭 끊긴다. 메시지를 수신하는 상황만이 아니다. 스마트폰의 주된 용도가 통신보다 영상 시청이 되면서, 우리는 점점 더 긴 시간을 온라인에 접속해 있다. 혼자 있을 때는 물론이고, 다른 사람과 함께 있을 때조차 로그인 상태인 경우가 많다. 거기에서 흘러나오는 정보나 이미지에 마음이 붙잡힌 채 일상이 지속된다.

　모처럼 가족이나 친구들이 모인 자리에서 각자 스마트폰을 들여다보느라 서로를 홀대하는 일 또한 흔하다. 강의를 듣거나 회의에 참석하면서도 집중하지 못한다. 영어에서는 그런 행동을 가리키는 신조어로 'phubbing'이 생겨났는데 무시하다, 냉대하다, 거절하다는 뜻의 'snub'에 'phone'을 합성한 단어다. 상대방을 무시하거나 냉대할 의도는 없다. 시선이 화면에 가 있고 신경이 그쪽으로 쏠려 있어서 마음을 다하지 못할 뿐이다. 즉, 주의가 흐트러져서 무심해진 것이다.

　'주의력 결핍'이라고 하면 ADHD라는 병리 현상을 떠올리지만, 현대인들 대부분이 겪는 증상이다. 미국에서는 스마트폰을 가리켜 'weapons of mass distraction'이라고도 부르는데, '막대하게 주의를 분산시키는 무기' 정도로 풀이할 수 있겠다. 우리말로 옮기면 다소 억지스럽게 들리지만, 영어로는 절묘한 언어유희다. 대량 살상 무기를 뜻하는 'weapons of mass destruction'에서 마지막 단어만 살짝 비틀어,* 산만함이 대량 살상 무기만큼이나 위험한 수준에 이르렀다는 것을 효과적으로 표현해냈다. 단순한 말장난으로 웃어넘기기엔 현대인의 주의력 결핍이 너무 심각하다. 그래서 '산만함이라는 유행병 distractive epidemic' '인지적 흑사병cognitive plague'이라는 표현까지 등장했다.

이와 관련해 영어권에서 쓰이는 또 다른 표현으로 '지속적이고 부분적인 주의continuous partial attention'가 있다. 온라인에 접속해 검색이나 채팅을 하느라, 오프라인 세계에는 부분적인 주의만을 기울이는 상태를 말한다. 너무 일이 많아서 동시에 여러 가지 일을 수행하는 멀티태스킹일 수 있고, 그냥 허전해서 또는 습관적으로 온라인에 연결한 것일 수도 있다. 주어진 일에 집중하지 못하는 마음은 인간의 잠재력을 떨어뜨릴 뿐 아니라, 몰입에서 오는 행복감을 차단시킨다. 정보 폭발 시대에 정신 에너지를 분산시키거나 고갈시키지 않고 지적 능력을 키워가는 일이 절실하다.

주의력 결핍은 인간관계에서도 걸림돌이 된다. 대화를 나눌 때 주의가 흐트러져 있으면 상대방의 말을 제대로 경청하

---

* 빅데이터의 위험성을 고발하는 책으로 *Weapons of Math Destruction*〔국내에는 캐시 오닐, 『대량살상 수학무기』(김정혜 옮김. 흐름출판. 2017)로 번역·출간되었다〕이 있는데, 그 제목은 'mass'를 'math'로 바꾼 것이다.

지 못한다. 몸짓과 표정, 말투 그리고 침묵에 배어 있는 감정을 읽어내지 못해서 엉뚱하게 반응하고 만다. 글을 읽고 이해하는 '문해력'이 지성의 발달에서 필수적 능력으로 강조되는데, 말을 이해하는 능력(굳이 명명하자면 '언해력言解力'이 될 수 있겠다.)도 그에 못지않게 중요하다. 그것은 지적 능력의 문제인 동시에 태도의 문제다. 상대방에게 마음을 온전히 기울이지 못하면 그의 말을 속 깊게 이해하지 못한다.

왜 마음을 다하지 못하는가. 빡빡한 업무나 생계에 쫓기고 있거나, 갈등 상황이나 복잡한 생각과 씨름하고 있거나, 두려움이나 분노 등 부정적 감정에 시달리고 있거나, 아니면 심신이 너무 지쳐서 그렇다. 거기에 덧붙여, 적정 용량을 초과하는 정보를 처리하느라 주의력이 분산되는 것도 중요한 원인이다. 어느 경우든, 자기 앞에 있는 사람을 소홀하게 여기는 태도로 나타난다. 몸으로는 함께 있지만 마음은 다른 곳에 가 있다. 귀가 열려 있기는 해도 경청은 이뤄지지 않는 것이다.

3

눈을 맞추지 않는
아이들

스크린 중독과 사회성의 쇠퇴

인터넷에 의존해 자란 아이들은 일종의 정서적 약시 증상을 보인다. 아이들은 이른바 결정적인 시기 동안 각 연령대에 적합한 정신 기술을 습득한다. 예컨대 4~5세까지는 새로운 언어를 쉽게 습득하지만 그 이후로는 새로운 언어를 배우려면 상당한 노력이 필요하다. 사회성 기술 발달이나 청소년기 성 발달에도 비슷한 논리가 적용된다. 어렸을 때 직접 대면을 통해 교류할 기회를 놓치면 사람을 대하는 기술을 영영 습득하지 못할 가능성이 높다.[*]

---

[*] Andrew K. Przybylski, "Electronic Gaming and Psychological Adjustment," *Pediatrics* 134, 2014(애덤 알터, 『멈추지 못하는 사람들』, 홍지수 옮김, 부키, 2019, 283쪽에서 재인용).

오미크론이 기승을 부리던 무렵, PCR 검사를 받기 위해 두 시간 동안 줄을 서서 기다린 적이 있다. 바로 앞에는 유모차에 아이를 태운 젊은 부부가 있었다. 처음에는 아무 소리가 들리지 않아 아이가 잠들어 있는 줄 알았다. 그런데 조금 후 아이의 작은 목소리가 들리더니, 엄마가 유모차 안에서 태블릿 PC를 꺼내 유튜브 채널을 바꾼 후 다시 넣어주었다. 엄마 아빠는 각자 스마트폰에 몰입한 채로 두 시간 내내 줄을 따라갔다. 아이는 유모차 안에만 머무는 것으로 보아 서너 살 정도가 아닐까 추정되었다. 아이의 눈과 화면 사이의 거리도 30센티미터가 채 되지 않을 듯했다.

'어머니 날 낳으시고, 유튜브 날 키우셨네'라는 우스갯소리가 있다. 요즘 아이들은 걸음마를 떼기도 전에 스마트폰에 매료되어(2021년, 스마트폰을 처음 사용하는 시기를 조사한 결과 만 1세가 45퍼센트로 가장 많았다),* 웬만한 장난감에는 흥미를 보이지 않는 경우가 많다. 과학기술정보통신부와 NIA 한국정보화진흥원의 '2019년 스마트폰 과의존 실태 조사' 결과에 따르면, 만 3~9세 유·아동의 22.9퍼센트가 스마트폰 '과의존 위험군'으로 나타났다. 과의존 위험군 유·아동의 비율은 2017년 19.1퍼센트, 2018년 20.7퍼센트, 2019년 22.9퍼센트로, 전 연령

---

* 「영유아의 스마트 미디어 사용 실태 및 부모 인식 분석」『육아정책연구』. 육아정책연구소. 2021.

대 가운데 가장 빠르게 증가하고 있었다. 맞벌이 가정일수록, 부모가 과의존 위험군일수록 아이들의 위험률이 높은 것으로 드러났다. 그리고 2020년과 2021년 여성가족부가 조사한 결과에 따르면, 코로나19 이후 집에 머무는 시간과 온라인 수업 빈도가 늘면서 과의존 위험군 청소년 또한 증가했다.

스마트폰은 아이들에게 어떤 영향을 주는가. 그렇지 않아도 공부에 매달리느라 운동이 매우 부족한 상태인데, 스마트폰이 상황을 더욱 악화시키고 있다. 뛰어놀지 않아서 신체 발달이 지체될뿐더러 특히 눈의 상태가 심각하다. 사람의 평생 시력은 만 7~8세쯤 완성된다고 하는데, 장시간 화면에 시선을 고정시키고 있으면 수정체의 조절근이 운동하지 않아 근시로 굳어질 가능성이 높다. WHO에 따르면 한국의 대도시 거주 청소년의 97퍼센트가 근시(고도 근시는 12퍼센트)로, 세계에서 가장 심각한 수준이다. 근시는 녹내장이나 망막박리, 황반변성 등 실명으로 이어지는 질환을 동반하기 쉽다. 이제 스마트폰은 공중 보건 차원의 의제로 떠오르고 있다.

신체의 건강 못지않게 염려되는 것이 사회적 지능이다. 다른 사람과 관계를 맺으면서 상호작용하는 능력은, 어린 시절에 충분한 발달이 이뤄지지 않으면 오랫동안 결손으로 남기 쉽다. 특히 상대의 감정을 읽고 자기감정을 전달하는 정서적 소통은 서로의 눈을 마주 보면서 이뤄지는데, 얼굴 대신 화면만 보고 지내면 타인에 대한 감수성을 키울 수 없다. 소아청소년정신보

건센터가 2015년부터 2019년까지 국내 3~5세 400명의 영·유아를 대상으로 추적 조사를 한 결과, 미디어 노출이 많은 영·유아들은 어휘력 및 표현력과 같은 언어능력이 뒤처지는 것으로 밝혀졌다. 특히 3~4세가 더 많은 영향을 받았다. 텔레비전이나 PC까지 포함한 미디어의 노출을 조사한 결과지만, 스마트폰만 따로 떼어 분석한다면 차이가 더 분명하게 드러날 것이다.

스마트폰 과용의 부작용은 뇌과학에서 거듭 밝혀지고 있다. 공격성의 증가, 충동 조절 장애, 주의력 결핍, 학습 부진, 대인 관계의 어려움 등이 그것이다. 이러한 증상은 성인들에게도 나타날 수 있지만, 두뇌 발달의 초기 단계에 있는 아이들이 훨씬 취약하다. 핵심은 '불균형'이다. 인간의 뇌는 영역에 따라 성장하는 속도가 다른데, 그중 전두엽이 가장 늦게 완성된다. 계획, 의사 결정, 운동, 선택적 주의, 작업 기억 등 두뇌의 사령부 역할을 하는 전두엽이 미성숙한 상태에서 영상 자극에 과도하게 노출되면 어떻게 될까. 시각중추만 활성화되면서 전두엽은 방치되기 때문에 균형 있는 뇌의 성장이 어려워지고, 특히 언어 발달에 지장이 생긴다.

한림대 강남성심병원 이홍석 교수는 더 포괄적인 차원에서 문제를 지적한다. "사람의 뇌는 예측할 수 없는 대상과 오감을 통한 상호작용에서만 고르게 발달한다. 이때 뇌의 회로가 촘촘하게 엮이고 기능이 강화된다. 그런데 스마트폰은 사람과의 접촉이 아니다. 뇌의 수만 개 회로 중 스마트폰이 전달하는 일방적인 영상을 받아들이는 단 하나의 회로만 움직인다. 그동안 다른 회로는 쓰지 못해 점점 퇴화한다. 〔……〕 스마트폰 속에는 일방적인 사물의 움직임만 있을 뿐이다. 자신의 말이나 행동에 다른 사람이 어떤 반응을 보일까에 대한 생각을 하지 않는다."*

건강한 지성이 자라나려면 타인을 비롯해 세계와 연결되는 회로가 다양해야 한다. 표정, 시선, 몸짓 등을 다채롭게 구사하며 이뤄지는 상호작용 속에서 마음이 비옥해진다. 시청각만이 아니라 촉각, 후각, 미각을 통해서도 외부와 접속할 때 존재가 풍요로워진다. 인지적 역량의 토대가 된다고 여겨지는 정서적 지능, 감정을 조절하고 상대방의 말을 깊이 경청하며 자신을 표현하는 소통 능력도 거기에서 배양된다. 과도한 스마트폰 노출은 그런 성장을 가로막는다. 컬럼비아 의과대학 정신의학과 켈리 하딩 교수의 다음과 같은 경고를 귀담아들어야 한다.

만약 당신이 아이들에게 더 집중하고 눈을 더 자주 마주친다면 당신의 아이는 다른 사람으로 성장할 것이다. 그리고 만약 당신이 그렇게 하지 못한다면, 당신도 모르는 사이에 아이들의 유전 형질을 바뀌게 할지도 모른다. 그리고 이러한 영향은 당신의 손주와 증손주에게까지 영향을 미칠지도 모른다.**

---

* 「스마트폰에 빠진 유아·어린이, 뇌 발달 늦어진다」, 『중앙일보』 2013. 1. 7.
** 켈리 하딩, 『다정함의 과학』, 이현주 옮김, 더퀘스트, 2022. 69쪽.

몇 가지 가이드라인

스마트폰을 개발한 스티브 잡스가 자녀의 전자기기 사용 시간을 엄격하게 제한했다는 것은 잘 알려진 사실이다. 잡스뿐만 아니라 테크놀로지 업계의 리더들도 그렇게 한다. 실리콘밸리의 첨단 기업 근무자들은 베이비시터를 고용할 때 'no screen contract'라는 계약 조항을 집어넣는다. 아이에게 전자기기를 보여주지 않는 것은 당연하고, 아이가 옆에 있을 때는 자신 또한 들여다보지 않겠다는 내용이다. 학교에서도 스크린 노출을 제한한다. 실리콘밸리 근무자의 자녀들이 재학생의 80퍼센트 이상을 차지하는 발도르프 학교는 8학년(중학교 2학년)이 될 때까지 스마트폰과 노트북 등의 사용을 금지한다.

그러나 아이들에게 그런 환경을 만들어주기란 쉽지 않다. 디지털 기기를 완전히 차단할 수 없는 만큼, 부정적 영향을 최소화하는 방안을 찾아야 한다. 2019년 미국 소아과학회는 '18~24개월 미만 유아 미디어 사용 금지'를 권고한 바 있다. 같은 해 WHO가 내놓은 가이드라인에서도 1세 이하 영아는 스마트폰, 텔레비전, 게임기, 컴퓨터 등 전자기기 화면에 노출되지 않도록 해야 하고, 2~4세 유아는 하루 한 시간 미만으로 사용 시간을 조정해야 한다고 권한다. 더 구체적인 방안으로 미국의 육아 비영리 단체 제로투스리Zero To Three가 제시한 지침이 있는데, 요약하자면 다음과 같다.*

첫째, 화면에서 보는 것과 실제 세계의 체험을 연관 짓도록 돕는다. 예를 들어 나무 블록을 색깔별로 분류하는 게임을 했다면, 빨랫감을 가져다가 색깔을 식별하고 분류하는 식이다. 그렇듯 영상과 현실을 연관 지으면서(이를 '학습 전이'라고 한다), 특정한 상황을 뛰어넘어 배운 것을 일반화할 수 있는 능력을 키울 수 있다.

둘째, 수동적으로 지켜보지 않고 적극적으로 관여하도록 이끈다. 그러려면 아이들이 움직이고 기억하고 판단하고 부모와 소통할 수 있는 앱을 선택해야 한다. 진행 속도가 느린 프로그램이 바람직하고, 시청 시간을 따로 정해 그 시간에만 전자기기를 켜야 한다.

셋째, 기기 자체보다 콘텐츠에 초점을 맞춘다. 예를 들어 애니메이션을 시청할 경우, 그다음 장면을 상상하여 이야기하도록 이끈다. 화면에 등장하는 인물들을 손으로 가리키며 누가 누구인지 알아맞히는 것도 좋은데, 이 모든 것은 책을 읽을 때의 체험과 최대한 비슷해야 한다.

우리가 스마트폰에 길들여지는 동안, 무엇을 잃어버리고 있는지를 짚어볼 필요가 있다. 내가 만난 어느 고등학교 교사는 자신이 담임을 맡은 학급에서는 아침에 휴대전화를 수거했다가 종례 시간에 돌려준다고 한다. 처음 한두 달은 금단증세로

---

*   애덤 알터, 『멈추지 못하는 사람들』. 298~300쪽.

많이 힘들어하지만 곧 변화가 찾아오는데, 그 상황을 이렇게 증언한다.

"친구들 사이에 대화가 열리고, 교실에 들어온 선생님과 마주 보고 이야기하기 시작해요. 그리고 교실에서 야구공, 배구공, 축구공이 던져지고, 듣도 보도 못한 기발한 재료들이 놀잇감으로 변모합니다. 드디어 쉬는 시간이 소란스러워지기 시작한 것이지요. 그 여파가 수업 시간에까지 미쳐서 그런 활발함을 싫어하는 교사들도 있어요. 휴대전화를 쥐여주면 수업 시간이나 쉬는 시간에 조용히 있을 텐데, 그것이 없으니 통제가 어려워지고 가끔 격렬한 신체 활동으로 다치거나 학교 기물을 파손할 때도 있기 때문입니다. 그러나 아이들은 움직이면서 경험하고, 위험을 인지하고, 해결하기 위해 노력하면서 성장하는 것이 아닐까요?"

실제 세계를 몸으로 부딪치며 경험하는 것의 중요성을 새삼 느끼게 해주는 이야기다. 그와 연관해서 스마트폰이 발육에 지장을 주는 사례로, 연필 쥐기를 어렵게 만든다는 점을 꼽을 수 있다. 아이들이 연필로 글씨를 쓰려면 강한 손가락 근육이 필요한데, 터치스크린만 만지다 보니 근육이 제대로 발달하지 못하는 것이다. 그럴 경우, 가위로 종이를 오리거나 실을 꿰거나 장난감을 당기는 등의 손놀림도 어려워한다. 실제로 어린이집이나 초등학교 교사들에 따르면, 아이들이 그런 놀이를 귀찮아한다고 한다. 몸의 미세한 근육들을 스스로 조절하면서 사물을 조작하는 경험은 인지와 정서 발달에 매우 중요하다. 그런 점에서도 스마트폰의 과용을 막아야 한다.

또 다른 문제로 지적되는 것은, 대상을 평면으로 인식하는 습관이다. 영국의 의과대학에서는 학생들이 간단한 봉합 수술도 어려워하는 것을 발견했는데, 어릴 때부터 스크린만 보다 보니 삼차원 공간을 다루는 인지 시스템이 제대로 발달하지 못한 탓으로 분석했다. 이런 사정은 한국 역시 마찬가지리라 추정된다. 한 예로 국립중앙박물관 학예사에 따르면, 요즘 아이들은 전시물 그리기 숙제를 할 때 스마트폰으로 촬영한 다음 사진을 보면서 작업한다고 한다. 그럴 바에야 군이 박물관에 찾아갈 필요가 있을까. 도자기나 불상을 이리저리 살펴보고 둘러보면서 그 입체적인 아우라를 느끼는 것이 현장 학습의 의미가 아닐까.

아이들의 발육과 성장에 필요한 것은 유기적인 경험이다. 살아 있는 사람들의 얼굴을 마주하고 표정을 읽으면서 상호작용하는 것, 울퉁불퉁한 물건들을 만지작거리면서 그 질감을 느끼는 것, 알쏭달쏭한 공간을 탐색하면서 신체감각을 익히는 것, 아기자기한 풍광을 자유롭게 관찰하면서 상상의 나래를 펴는 것…… 이 모든 것이 이른바 인성교육의 필수아미노산이고 창의성의 바탕이다.

대면 비대면 외면

아이를 외면하는 부모들

소아과 진료실에서 마주하는 대부분의 엄마는 손에 스마트폰을 들고 있다. 그들 중 일부는 진료실에 들어와도 스마트폰에서 눈을 못 뗀다. 혼자 의자에 앉아 진찰을 받을 수 있는 나이대 아이들의 엄마들은 "아이가 어디 아픈가요?"라는 나의 질문에 짧게 대답하곤 시선을 다시 스마트폰에 고정한다. 일부 젊은 아빠들은 더 심하다. 아이가 진료받는 동안 소파에 앉아 스마트폰만 보다가 진료가 끝나면 겨우 일어나 배우자의 뒤를 따라 나간다.*

한국의 교육열이 세계 최고 수준임은 자타가 공인한다. 많은 부모가 사교육에 막대한 돈을 지출하고 자녀의 공부를 위해 자신의 삶을 기꺼이 희생한다. 그런데 다른 한편, 어느 영역에서는 완전히 방치한다. 아이들의 건강한 성장에 무엇보다 중요한 것은 정서적 토대이고, 그것이 탄탄하게 다져지려면 부모의 마음에 수시로 접속하고 편안하게 연결되어야 한다. 시간과 공간을 온전히 함께 누리고 있음을 자주 느껴야 한다. 그런데 지금의 미디어 환경에서는 그러한 현존의 감각을 갖기가 점점 어려워지는 듯하다. 부모가 몸으로는 아이와 함께 있지만, 마음은

---

*   김택선. 「부모들의 '스마트폰 중독,' 아이들이 위험하다」. 『베이비뉴스』 2019. 6. 14.

다른 곳에 가 있기 쉬운 것이다. 아이의 손을 잡고 길을 걷는 부모들이 스마트폰에서 시선을 떼지 못하는 모습이 종종 눈에 띈다. 앞서 인용한 소아과 의사의 경험은 그 연장선상에 있다.

이미 스마트폰은 육아에 깊숙하게 들어와 있다. 아이가 태어나자마자 사진이나 동영상으로 그 모습을 촬영하고, 임신과 출산 준비에서부터 수유와 예방접종, 아이의 키와 체중 등을 기록하고 관리해주는 어플이 많이 나와 있다. 산후조리원에서 함께 지낸 '동창'들끼리 SNS로 육아 정보나 아이의 발달 상황을 공유하는 엄마들도 많다. 정보와 지식이 풍부해지고 접속이 쉬워지면서 육아의 지식을 더 이상 윗세대로부터 얻지 않게 된 지 오래지만, 스마트폰은 그 흐름을 가속화하고 있다. 머지않아 그 모든 도움을 훨씬 효율적으로 제공하는 인공지능도 등장할 것이다.

스마트폰의 활용이 유용한 점이 많은 반면, 주의할 점도 많다. 예를 들어 아이에게 젖이나 우유를 줄 때 한 손에 스마트폰을 들고 드라마나 유튜브를 시청하는 부모가 있다. 아이에게 보여주는 것이 아닌데 뭐가 문제인가 하겠지만, WHO는 1세 미만 영아들이 모든 전자기기로부터 거리를 둬야 한다고 권고한다. 신생아의 뇌를 감싸고 있는 뼈가 아직 완전하게 결합되지 않은 상태에서 전자파가 안으로 침투할 수 있기 때문이다. 우리는 다음 세대 아이들을 영아기 때부터 아무 생각 없이 전자파에 노출시키고 있는 셈이다.

대면 비대면 외면

심리적인 측면도 짚어보아야 한다. 수유는 단순히 영양분을 공급하는 것을 넘어 복합적인 상호작용이 이뤄지는 행위다. 서로 눈을 맞추면서 시각 인지를 발달시키고, 웃음을 주고받으면서 공감 능력을 키운다. 몸의 냄새와 피부의 촉감 등을 음미하면서 서로에 대한 사랑을 키워간다. 스마트폰은 이러한 교류를 방해한다. 아이가 아직 어려 스마트폰에 중독되지는 않는다 하더라도, 부모가 게임이나 SNS에 심취해 있으면 일상의 리듬이 흐트러져 아이의 수면 등 일상생활에 부정적 영향을 줄 수 있다.

이유기 이후부터 그 영향은 점점 커진다. 걸음마를 시작하고 말을 배우는 단계에 이르면, 부모와 아이 사이의 심정적 유대가 더욱 중요해진다. 어떤 대상을 함께 바라보며 느낌을 나누고, 표정으로 감정을 주고받는 가운데 사회성이 형성되기 때문이다. 몸과 마음으로 시공간을 함께하는 현존을 통해 상대방을 삶의 동반자로 체감할 수 있다. 그런데 스마트폰을 보고 있으면 몸과 마음이 분리되기 쉽다. 아이가 울고 있는데도 메시지가 오면 곧바로 전화기를 켠다거나, 영상을 감상하는데 아이가 말을 걸면 건성으로 대답하거나 심지어 짜증을 내기도 한다. 그런 일이 반복되면 아이의 자존감은 위축된다.

아이가 어릴수록 부모의 시선에 민감하다. 부모가 응시하는 사물에 자연스럽게 호기심이 발동하고(신생아들은 본능적으로 부모의 시선을 따라간다), 나를 지긋이 바라봐주는 눈길에서 자신의 소중함을 깨닫는다. 그런데 부모가 스마트폰에 골몰해 있으면 자신이 홀대받는다고 느끼게 된다. 부모가 애지중지하는 그 물건이 대단한 존재라고 여기면서, 아이도 스마트폰에 더욱 끌리게 된다. 부모가 스마트폰 중독이면 아이도 중독되기 쉬운 이유다. 인디애나 대학교 연구팀은 그 점을 분명하게 확인시켜준다. "아동의 주의집중 능력은 언어 습득, 문제 해결 그리고 다른 핵심적인 인지 발달 단계에서 성공 여부를 가늠하는 강력한 지표다. 자녀가 노는 동안 보호자의 주의가 산만하거나 시선이 자꾸 딴 곳으로 향하면 핵심 발달 단계에서 자녀의 주의집중 시간 신장에 부정적인 영향을 끼치게 된다."* 반려동물 옆에서는 얼마든지 딴짓을 해도 문제가 없지만, 사람과 함께 있을 때는 마음의 촉수를 그쪽으로 뻗지 않으면 깊은 소외감을 불러일으킨다.

그 소외감은 섭섭함을 넘어 불안이나 고통까지 수반한다. 발달심리학에 '무표정 패러다임'이라는 고전적 실험이 있다. 우울하고 무기력한 엄마가 아이를 양육할 때 어떤 영향을 끼치는지를 확인하기 위해 설계된 것으로, 엄마가 아이와 놀아주다가 갑자기 무표정해지면서 반응을 보이지 않는다. 그러면 아이는 당황하고 괴로운 표정을 지으며 어찌해야 할지 모르는 상태가

---

*   Indiana University. "Infant Attention Span Suffers When Parents' Eyes Wander During Playtime." *ScienceDaily*. April 28. 2016(애덤 알터. 『멈추지 못하는 사람들』. 57쪽에서 재인용).

된다. 최근 미국에서 이 실험을 변형해 새롭게 설계했는데, 부모가 아이와 놀아주다가 갑자기 눈길을 돌려 2분 동안 스마트폰을 들여다보는 것이다. 그러자 아이들은 고전적 실험에서와 마찬가지로 무척 힘들어했다. 이 연구를 진행한 심리학자 데니스-티와리는 이렇게 말한다. "스마트폰은 부모와 아이가 서로 주파수를 맞추는 과정을 파괴한다. 개인이 스마트폰에 몰두할 때는 고개를 아래로 숙이는 데 그치지 않고 사회적으로 아무 정보도 주고받지 못하므로 마치 부재한 상태와 같다."*

　부모가 스마트폰을 과용하는 또 하나의 유형이 있다. 아이를 너무 많이 촬영하는 것이다. 모처럼 공원에 아이를 데리고 나온 부모가 아장아장 돌아다니는 모습을 영상에 담느라 여념이 없는 장면을 종종 접한다. 잠깐이 아니라, 영화를 찍듯이 아주 오랫동안 전화기를 붙들고 있다 보니 함께 놀아주지 못한다. 스마트폰에 빠져 아이를 방치하는 것보다 나을지 모르지만, 촬영할 때 아이는 단지 피사체로 격리되어 있을 뿐 부모와의 상호작용이나 교감은 없다. 부모는 영상 기록을 위해 머리를 쓰느라 가슴으로 '지금 여기'를 누리지 못한다. 그 시선은 불과 20, 30센티미터 앞에 있는 화면에 갇혀 있다. 아이도 부모 대신 카메라만 쳐다보아야 한다.

　시각적 기록에 대한 부모의 집착은 가정의 범위를 넘어선

＊　리디아 덴워스. 『우정의 과학』. 안기순 옮김. 흐름출판. 2021. 285쪽에서 재인용.

다. 어느 날 집 앞 어린이집을 지나는데, 의아한 장면이 눈에 들어왔다. 교사가 아이들을 일렬로 세워놓고 한 명씩 달려오게끔 하면서 그 모습을 촬영하는 것이었다. 교사의 표정은 지쳐 보였다. 사진이 제대로 찍히지 않으면 아이에게 다시 달려오라고도 했다. 아이들은 노는 것이 아니라 감독의 지시대로 연기하는 배우들 같았다. 왜 저렇게 시간을 보내야 할까?

어느 어린이집 교사가 쓴 글을 읽고 의문이 풀렸다. 어린이집과 유치원에서는 매일 학부모들에게 모바일 알림장을 통해 사진과 글을 보낸다. 그날 아이의 상태나 활동 모습을 전달하는 것이다. 다음 날 준비물 및 안내 사항 등이 담기는 종이 알림장과 달리, 모바일 알림장은 실시간으로 전송된다. 집이나 직장에 있는 부모로서는 지금 아이가 어떻게 시간을 보내는지 궁금할 것이다. 아이 사진을 보면서 교사들에게 고마움을 느끼는 부모도 많다. 알림장은 부모와 교사를 연결하는 통로가 된다. 문제는, 무리한 요구를 하는 일부 부모들이다. 그 상황에 대해 교사는 이렇게 쓰고 있다.

알림장 작성, 특히 사진을 찍어 보내는 일은 교사들을 곤란하게 하는 경우가 많다. 우리 아이 사진을 더 많이, 더 예쁘게 찍어달라고 민원을 넣는 학부모가 종종 있다. 사진 속 아이의 모습을 보고 왜 그 시간에 내 아이만 이런 모습을 하고 있는지 해명을 요구하기도 한다. '왜 우리 지원이만 양말을 벗고 있나요? 신겨주세요~'라든가 '지원이가 왜 친구들 사이에 섞이지 않고 혼자 블록을 쌓고 있을까요? 함께 놀 수 있도록 도와주세요' 같은 요구들이다. 사진을 잘 찍는 교사가 활동을 잘하는 교사라고 평가되기도 한다.*

사진 촬영이 중요해지다 보니, 교사들이 주말에 사비를 들여 강습을 받기도 한다. 부모들의 '자식 사랑'이 교사들의 휴식 시간까지 뺏는 셈이다. 생각해보자. 아이에게 필요한 것은 사진이 아니라 교사의 마음이다. 즐거운 표정과 활기찬 몸짓으로 서로에게 온전히 몰입하면서 충만해지는 시간이다. 아이들을 잘 돌보았음을 증빙하는 사진을 찍어 편집하고 발송하는 데 너무 많은 에너지를 쏟다 보면, 정작 아이들에게 충분한 관심을 주지 못한다. 한 명 한 명 세심하게 관찰하고 아이의 마음을 움직이는 말 한마디 건넬 여유가 없도록 만드는 것은 바로 부모들이다.

촬영 도구가 발달하고 저장과 전송의 기술이 비약적으로 업그레이드되면서, 우리는 방대한 시각 자료를 생산하고 공유할 수 있게 되었다. 그래서 예쁘거나 특이한 대상이 눈에 띄면 즉흥적으로 찍어두는 습관이 있다. 하지만 얻는 것이 있으면 잃는 것도 있기 마련으로, 보이는 것에 매몰되어 정작 중요한 것을 놓치게 된다. 겉으로 드러나는 아이의 모습에 일희일비하지

---

*   이정민. 「교사를 사진가로 만드는 학부모 알림장 민원」. 『시사IN』 2020. 9. 15.

않고, 그 마음속에서 자라나는 생명의 신비를 체감할 때 알찬 성장을 북돋을 수 있다. 그 기운이 순환되면서 어른의 삶도 산뜻해질 수 있다.

4부

마음은
어떻게 움직이는가

1

주의력을
조절하자

주의집중의 두 종류

인간의 의지가 지닌 가장 중요하고 본질적인 능력은 주의를 기울이기 어려운 대상에 주의를 기울이는 능력이다.

―윌리엄 제임스

지금 우리는 데이터의 빅뱅, 정보의 폭주, 지식의 홍수 속에서 살아간다. 그런데 인간이 처리하고 저장할 수 있는 용량은 예나 지금이나 비슷하다. 문명은 비약적으로 확장됐지만, 두뇌는 생물학적으로 한정되어 있는 것이다. 그 괴리가 점점 커짐에 따라 우리는 엄청난 과부하에 시달리게 된다. 그런 상태가 지속되면 뇌에 오작동이 일어나기 쉽다. 영국의 런던 킹스칼리지에서 시행한 연구에 따르면, 노동자들의 주의가 산만해질 때 지적 능력이 열 살 이하 수준으로 떨어지고 마리화나를 피울 때보다 더 단순해진다.*

문제는, 그런 비정상적인 상태가 좀처럼 자각되지 못한다는 점이다. 독일의 정신과 의사 미하엘 빈터호프에 따르면, 인간에게는 정보의 포화를 알아차리는 기능이 없다. 정신 그 자체가 바로 나 자신인 만큼, 다른 신체 부위처럼 객관화하기 어렵다는 것이다. 예를 들어 과식을 하면 위가 더부룩하고 심하면 쑤시기까지 하는 데 비해, 두뇌는 과로에 시달려도 두통이나 현기증 같은 것이 일어나지 않는다. 진화 과정에서 지금과 같은 정보의 폭주를 경험한 바가 없기에 경보 장치가 개발되지 않았다.** 그 결과 두뇌는 종일 혹사당하면서 만성피로에 시달리지만, 그것을 알아차리기는커녕 조금만 깊이 생각해야 하는 일은 회피하며 단기적인 보상에 중독되어간다. 주의력이 고갈되면서 지적인 무기력 상태에 빠진다. 시간이 부스러기가 되면서 정신의 역량이 저하된다.

주의력의 사전적 정의는 '어떤 한 가지 일에 관심을 집중하여 마음을 기울이는 힘'이다. 군대에서 가장 많이 사용하는 명령어 '차렷!'이 영어로 'attention!'인 것을 떠올리면 뉘앙스가 분명해진다. 인지과학에서는 주의력을 '중요한 자극에 집중하고

---

* 에이미 E. 허먼. 『우아한 관찰주의자』. 문희경 옮김. 청림출판. 2017. 39쪽.
** 미하엘 빈터호프. 『미성숙한 사람들의 사회』. 송소민 옮김. 추수밭. 2016. 190~191쪽.

대면 비대면 외면

선택적으로 반응하는 능력'이라고 정의한다. 그런데 주의력은 도구적인 역량 이상의 의미를 지닌다. 수전 손택은 이렇게 말한다. "도덕적 인간이 된다는 것은 모종의 주의를 기울이는 것이며, 그럴 의무를 진다는 것이다. [……] 도덕적 판단은 본질적으로 주의를 기울이는 능력에 달려 있다. 이 능력에는 한계가 있을 수밖에 없다. 하지만 그 한계의 범위는 확장될 수 있다."*

문제는, 어떤 힘으로 작동하는 주의력인가이다. 뇌과학에서는 주의집중을 두 가지로 분류한다. 하나는 '비자발적 주의집중' 또는 '자극 주도적 주의집중'으로서, 외부의 감각적인 대상에 수동적으로 끌려가는 것이다. 다른 하나는 '자발적 주의집중' 또는 '목표 지향적 주의집중'으로서, 내적으로 발생한 관심이나 주제에 의도적으로 주의를 기울이는 것이다. 전자가 즉각적인 보상을 좇으면서 주의가 낚인다면, 후자는 긴 호흡으로 몰입하고 일관성 있게 무언가를 추구하면서 주의를 배분한다.** 그러니까 외부 자극에 빠져드는 것만이 주의집중이 아니다. 자기 안에 떠오르는 생각을 붙잡고 깊이 탐구하면서 주체적으로 마음을 확장해가는 것이 주의집중의 더 중요한 본질이다.

이 두 가지 가운데 어느 쪽을 발휘하기가 쉬운가. 단연코 비자발적(자극 주도적) 주의집중으로, 두뇌가 그렇게 프로그램되

---

* 매리언 울프. 『다시, 책으로』. 전병근 옮김. 어크로스. 2019. 124쪽에서 재인용.

** 자세한 내용은 루시 조 팰러디노의 『스마트폰을 이기는 아이』(이재석 옮김. 마음친구. 2018) 2장을 참조할 것.

어 있다. 모든 동물은 외부 세계를 살피는 데 의식과 감각을 총동원한다. 위험한 상황을 민첩하게 파악하여 회피하거나 방어하고, 몸에 필요한 물질을 재빠르게 포착하여 취하는 능력이 생존의 핵심이기 때문이다. 인간도 그런 상황에서 진화해왔다. 스웨덴의 정신과 전문의 안데르스 한센은 우리의 두뇌가 새로운 자극에 예민하게 반응하는 까닭을, 인류가 수십만 년 동안 살아온 구석기 시대의 환경과 결부시킨다.

> 우리가 이곳저곳으로 주의를 분산할 때 기분이 좋아지는 이유는, 우리 선조들이 주변의 상상할 수 있는 모든 자극에 빠르게 대응하기 위해 항상 주변을 경계해야 했기 때문이다. 주의를 흩트리는 아주 작은 것이라도 위험이 될지 모르니 절대 놓쳐서는 안 됐다. (……) 분산된 초점과 눈앞에 튀어나오는 모든 것에 빠르게 대응하는 것은 인류의 절반이 채 10세도 못 채우고 사망하던 시기에는 생사를 가르는 요인이었을 것이다. 뇌는 여기에 맞춰서 진화했고, 그 결과 멀티태스킹을 수행하고 집중력을 쉽게 흩트리면서 도파민을 분비하여 우리에게 보상을 제공한다.*

산만한 정신 상태가 일종의 적응기제였다는 점이 흥미롭

---

* 　안데르스 한센, 『인스타 브레인』, 김아영 옮김, 동양북스, 2020, 99쪽.

　　　　　　　　　　　　대면 비대면 외면

다. 원시시대에는 멀티태스킹이 오히려 생존에 도움이 되었기에 도파민으로 보상하는 시스템이 발달했다는 것이다. 어쩌다가 벌어지는 상황, 즉 갑자기 재난이 닥치거나 맹수가 습격하거나 먹잇감을 쫓는 경우처럼 특수한 경우가 아니면 머리를 복잡하게 쓸 일이 많지 않았으므로 뇌에 과부하가 걸리지도 않았다. 그에 비해 지금 우리의 일상에서는 날이면 날마다 엄청난 자극이 쏟아지고, 수십만 년 동안 진화해온 두뇌는 거기에 자동적으로 반응한다. 두뇌는 만성적인 과부하와 피로 상태에 빠져들고, 그럴수록 자발적 주의집중의 힘은 줄어들게 된다.

책을 읽고 글을 쓰는 것이 점점 어려워지는 이유도 바로 거기에 있다. 공부가 직업인 나도 주의력의 지속 시간이 점점 짧아지는 것을 느낀다. 지금도 원고를 쓰면서 조금만 막히면 메시지를 확인하거나 뉴스를 검색하고 싶어지는데, 그 습관적 욕망을 애써 억눌러야 한다. 정보 미디어가 발달할수록 생각의 근육이 퇴화하기 쉽다. 사물의 여러 모를 찬찬히 짚어보면서 깊이 헤아리는 일에 점점 서툴러지는 한편, 단편적인 지식이나 뉴스에 현혹되어 엉뚱한 믿음에 사로잡힌다. 정작 관심을 가져야 할 일들은 외면하면서, 정치적인 선동에 휩쓸리고 적대와 혐오에 감정 에너지를 낭비하기 일쑤다. 그렇게 해서 증폭되는 반지성주의는 개인과 사회의 안녕을 위협한다.

관심 다이어트

고요함은 모든 것에 주의를 기울이게 하고, 우리 머릿속에 끊임없이 떠오르는 '정신적인 찌꺼기'의 흐름을 관찰하게 한다. 고요함은 마음을 열고 여유와 인내심을 키우는 데 필요하다. 아무 도움도 안 되면서 시간을 빼앗고 고요함을 방해하는 텔레비전 프로그램과 잡지 기사는 피하자. 그런 눈요기는 우리를 수동적인 상태로 빠뜨려 어리석게 만들 뿐이다. 고요함은 그 빈 공간 안에서 우리가 성장하도록 도와준다. 고요함은 열린 공간이다. 그 고요함이 우리를 이끌게 하자.

─ 도미니크 로로, 『심플하게 산다』에서*

엉뚱한 곳에 주의력을 지나치게 빼앗기면 어떤 일이 생기는가. 정신의학에서 '사회 불안 장애'라고 부르는 증세를 보자. 여러 사람 앞에서 발표하는 것을 극도로 공포스러워하고, 낯선 사람들과 어울려 대화하고 음식을 나누는 일조차 힘겨워해서 일상생활을 원만하게 수행하지 못한다. 이 환자들은 타인들이 자기를 거부하거나 비난하고 있지 않은가 하는 걱정에 사로잡혀 상대방의 표정에 신경을 곤두세우느라 주어진 과제를 제대로 수행하지 못한다. 연구자들에 따르면, 그런 심리의 기저에는 공

---

*   도미니크 로로, 『심플하게 산다』, 김성희 옮김, 바다출판사, 2012, 296쪽.

포에 대한 주의 편향attentional bias이 깔려 있다고 한다.* 중요하지 않은 신호나 불필요한 정보에 과민 반응을 보이는 것이다.

그런데 병리적인 증상을 지닌 사람들이 아니라 해도, 자신에게 꼭 필요한 정보를 선별해 주의를 기울이기는 쉽지 않다. 거의 모든 상품이 과잉으로 공급되는 시대에, 시장을 지배하는 경쟁력의 열쇠는 소비자의 주의를 끄는 것이다. 상품 광고뿐만 아니라, 이제는 클릭 장사에 재미를 붙인 언론사까지 가세해 네티즌들의 주목을 받기 위해 안간힘을 쓴다. 이른바 '관심 경제attention economy'(주목 경제라고도 번역된다)의 영역이 빠르게 확장되고 있다. '관심 자본'이라는 개념도 등장했다. 김곡 작가는 이렇게 말한다. "오늘날 관심interest은 곧 이익interest이다. 관심을 주고받는 것은 노동이 되었다. 관심이 가치다."**

'하차감'이라는 말이 있다. 자동차를 탈 때의 편안함을 가리키는 '승차감'과 대비되는 개념으로, 차에서 내릴 때 주변으로부터 받는 시선을 뜻한다. 최고급 승용차를 타고 다니는 즐거움 가운데 하나라고 한다. 타인의 주의를 끌고 싶은 충동은 돈에 대한 집착만큼이나, 아니 때로는 그 이상으로 강렬하다. 더구나 SNS 등에서 널리 이뤄지는 '자아 전시'는 단순한 인정 욕망을 넘어 생계의 원천이 되기도 한다. 문제는 그렇게 타인의 관심을

---

*　최강, 『아픈 마음들의 시대』, 바다출판사, 2020, 33~34쪽.

**　김곡, 『관종의 시대』, 그린비, 2020, 114쪽.

끄는 데 마음을 쏟다 보면, 정작 내가 관심을 기울여야 할 것을 놓칠 수 있다는 점이다. 익명의 공간에서 주목받기 위해 애쓰느라, 일상의 관계 속에서 소소하게 관심을 주고받으며 서로의 존재감을 키워주는 교류의 기회를 놓치게 되는 것이다.

불필요한 것에 대한 관심을 줄이면, 주의력을 통제하고 조절할 수 있는 역량이 늘어난다. 그리고 삶이 풍요로워진다. 주어진 환경에 일방적으로 예속되지 않고, 다각적으로 상황을 파악할 수 있는 내공이 생겨나기 때문이다. 인간관계에서도 상대방을 이해하는 폭이 넓어진다. 대화를 나누면서 말로 표현된 것 이면에 깔려 있는 마음의 움직임을 섬세하게 살필 수 있다.

영어에 흥미로운 표현이 하나 있다. 상대방이 내 말에 제대로 귀 기울이지 않는다고 느낄 때 'Would you give me an undivided attention?'이라고 하는데, 직역하면 '내게 분산되지 않은 관심을 주겠니?' 정도로 풀이된다. 자신에게 온전히 집중해달라는 뜻이다. 이에 대한 대답은 'Yes, I am all ears'라는 표현으로, 내 존재 전체가 귀가 된다는 말이다. 즉, 온 귀를 쫑긋 세워 경청하겠다는 의미다. 정보의 폭주 속에서 만성적인 주의력 결핍에 시달리는 우리 자신을 살펴보자. 행여 가족이나 가까운 동료들에게 정성이 소홀하여 섭섭하게 대하고 있지 않은지 돌아보자.

주의력이 자라나려면, 마음이 고요하고 담백해야 한다. 그를 위해 과잉 섭취되는 정보를 의식적으로 줄여가야 한다. 주의력 다이어트attention diet 또는 디지털 디톡스가 필요하다.* 그러

　　　　　　　　　　　대면 비대면 외면

려면, 심심함을 견딜 수 있어야 한다. 처음에는 금단증세처럼 힘들겠지만, 곧 익숙해지면서 오히려 일상이 윤택해진다. 무료함 속에서 마음의 부피가 자라나고 문화가 생성되기 때문이다. 안에서 솟아오르는 힘으로 인간은 자신만의 탄탄한 삶을 창조해 갈 수 있다. 자아 형성의 공간을 다양하게 열어놓을 때, 우리는 자기를 정당하게 사랑하며 타인을 존중하는 방법을 배울 수 있다. 무의식과 즐거운 소통을 할 수 있도록, 세계와 자유롭게 교섭할 수 있도록 자신에게 여백을 허락하자. 눈을 맞추고 이야기를 나누며, 주변의 사물들에 물음표를 달면서 다가갈 일이다.

무언가를 함께 바라볼 때

예전에 지방에서 강의를 하면서 경험한 일이다. 돌아갈 때 타기로 예정된 시외버스는 그날의 마지막 차편이었고, 터미널은 강의가 끝나자마자 곧바로 이동해야 할 만큼의 거리에 있었다. 나는 차를 놓치지 않을까 걱정이 들어 수시로 시계를 보아야 했다. 시계는 강의실 옆 벽면에 붙어 있었고, 자연스레 고개가 살짝 움직이며 눈동자가 돌아갔다. 나중에 주최 측으로부터

＊ 1주일에 하루를 '기술 안식일'로 정해 디지털 기기를 완전히 차단하는 사람들도 있다(캐스퍼 터 카일. 『리추얼의 힘』. 박선령 옮김. 마인드빌딩. 2021. 79~86쪽).

들은 이야기는 그날 참석자들이 그런 나의 행동을 불안하게 느꼈다고 했다. 나는 눈동자를 조금 움직였을 뿐이지만, 청중들은 그 미세한 움직임을 예민하게 감지하고 있었다. 제한된 시간 동안 효율적으로 강의 내용을 전달하기 위해 시계를 본 것인데, 결과적으로 집중력을 흩뜨리고 만 셈이다.

사람의 눈동자는 다른 동물들에 비해 흰자위(전문 용어로 '공막'이라고 한다)가 넓다. 조류나 파충류는 물론 인간에게 가장 가까운 침팬지 등의 영장류도 공막이 거의 없다. 눈동자의 동공과 나머지 부분의 색깔이 비슷한 것이다. 그렇다면 왜 인간만이 그런 눈으로 진화했을까. 이에 대해 가장 유력한 설명은 호모사피엔스의 상호 협력이 긴밀해지는 과정에서 일어난 진화의 결과라는 것인데,[*] 웬만한 거리에서도 상대방이 무엇을 보고 있는지 금방 알 수 있기 때문이다. 즉, 시선을 통해 서로의 관심과 의도를 파악하면서 협동을 쉽게 도모할 수 있었다는 것이다. 다른 포식 동물들은 사냥감에 접근할 때 자신의 시선을 들키지 않아야 하므로 공막이 커지지 않았지만, 인간은 팀을 이뤄 사냥하면서 동료들끼리 눈짓으로 소통하는 것이 중요했기에 공막이 크게 발달했다. (정반대로 자신의 시선을 감춰야 하는 상황에서는 선글라스를 쓰는데, 경호원들이 업무를 수행하면서

---

[*] 그런 관점을 협력적 눈 가설cooperative eye hypothesis이라고 하는데, 장대익. 『울트라 소셜』(휴머니스트. 2017)의 2장 「협력—사회적 눈의 진화」에 자세하게 풀이되어 있다.

대면 비대면 외면

그렇게 할 때가 있다.*)

　시선을 통한 사회적 협동이 원활하게 이뤄지려면, 나와 타인들이 지금 무언가를 함께 바라보거나 듣고 있음을 직감할 수 있어야 한다. 그것을 가리켜 '공동 주의집중joint attention'이라고 하는데, '어떤 대상이나 과제에 자신의 관심(초점)과 상대방의 관심을 일치시키는 사회적 행위'**를 말한다. 그것이 가능하기 때문에 사람은 어떤 사물에 시선을 보냄으로써 다른 사람들의 주의를 그쪽으로 유도할 수 있다. 반면, 아무리 똑똑한 개나 고양이도 주인이 보고 있는 것을 눈으로 따라가지 않는다. 그런데 인간은 어린 아기들조차 상대방이 시선을 향하는 대상으로 눈길을 보낸다. 그것을 시선 쫓기gaze following라고 한다.

　공동 주의집중은 타인과 관계를 맺고 소통하는 능력을 키워가는 데 매우 중요한 경험이다. 함께 있는 상대방이 어떤 대상에 자신과 똑같이 흥미를 느끼고 주의를 기울이고 있음을 의식한다면, 서로에 대한 연결감이 충실해지기 때문이다. 바로 그런 이유로, 공동 주의집중은 인간의 성장 과정에서 사회적 협응 감각을 익히는 핵심 고리가 된다. 아기들은 공동 주의집중을 할 수 있게 되면서 엄마와의 '2자 상호작용' 단계를 지나 다른 대상

＊　　선글라스는 중국에서 처음 발명되었는데, 햇빛을 가리기 위해서가 아니라 법관들이 자신의 높은 지위를 과시하기 위한 용도로 만들어졌다. 자신의 눈을 감추고 상대방을 볼 수 있다는 것은 권력자의 특권으로 여겨진다.

＊＊　장대익.『울트라 소셜』. 34쪽.

을 매개로 한 '3자 상호작용' 단계로 나아가게 된다. 그리고 거기에서 타인을 통해 세상을 이해하고 다루는 법을 배우기 시작한다.*

그러므로 공동 주의집중은 언어 습득 과정에서 매우 긴요하다. 아이는 제3의 것을 매개로 양육자와 연결되면서 인지 능력과 소통 감각을 향상시킨다. 제3의 것 가운데 빼놓을 수 없는 것이 책이다. 아직 글을 읽지 못하는 나이에는 누군가가 책을 읽어주어야 하는데, 그 목소리를 듣고 책 속의 그림을 보면서 의미 세계와 상상력을 넓혀간다. 아이는 양육자와 텍스트에 공동으로 주의를 기울이며 지성과 감성이 자라난다. 매리언 울프는 디지털 시대의 책 읽기의 의미와 전략에 대해 말하면서, 양육자가 아이에게 책을 읽어줄 때 아이의 마음에 어떤 일이 일어나는지 다음과 같이 설명한다.

> 부모가 천천히 의식적으로 아이에게, 오직 아이에게 글을 읽어줄 때, 서로에게 주의를 집중하게 되면서 아이의 뇌 신경 회로에는 많은 일이 일어납니다. 〔……〕 즉 읽기 활동은 가장 긴밀한 유대를 맺어줄 뿐만 아니라 부모와 아이가 마치 시간이 멈춘 것처럼 서로 주의를 공유하고 상호작용하며 함께하는 시간을 제공합니다. 〔……〕 부모가 아이들에게 책을 읽어주는 동안

---

* 곽금주 외. 『영유아기 엄마와의 상호작용』. 학지사. 2011. 89~91쪽.

시선의 일치감은 어린아이들의 주의에 두드러진 영향을 미치지요. 별다른 노력 없이도 아이들은 호기심과 탐색적인 행동을 조금도 잃지 않은 채, 부모나 보모가 바라보는 것에 자신의 시선을 집중하는 법을 배웁니다.*

부모들은 자녀에게 책을 읽어줄 때 그 안에 담긴 지식의 전달에 초점을 맞추는 경향이 있다. 그런데 아이가 어릴수록 책의 내용이 아니라 무언가에 함께 주의를 기울이는 경험 그 자체가 중요하다. 인지능력보다 비인지능력에 유념해야 한다. 어린이도서관 교육지도사 정성훈 연구원도 영·유아기 단계에서는 학습이 아닌 정서적 차원에 유념하며 책 읽기를 해야 한다면서 다음과 같이 말한다.

부모와 아이가 함께하는 독서는 정서적 공감이 목적이 되어야 합니다. 영·유아기 아이들이 함께 책 읽기를 좋아한다면 책보다는 엄마 아빠와 보내는 시간 자체를 좋아할 가능성이 큽니다. 책은 그 매개체일 뿐입니다. 영·유아기 아이들은 책의 내용을 기억하는 게 아니라 부모가 책을 읽어주던 그때의 '분위기'를 기억합니다. 그 경험이 아이의 정서를 좌우합니다.**

---

*   매리언 울프. 『다시, 책으로』. 199쪽.
**   사교육걱정없는세상 편. 『0~7세 공부 고민 해결해드립니다』. 김영사. 2020.
     117~118쪽.

정확한 발음을 가르치기 위해서라면, 구연동화 전문가들이 읽어주는 목소리를 녹음이나 유튜브로 듣는 것이 더 효율적일지 모른다. 하지만 아이들에게 중요한 것은 누군가와 몸으로 함께 있으면서, 어떤 대상에 오롯이 마음을 모으는 경험이다. 존재의 온전한 연결을 통해 살아가는 힘을 키워가는 만남이다. 아이들은 책을 읽으면서 부모와 눈을 포개어 또 다른 세계를 두드릴 수 있다. 그러한 탐험의 원체험은 성장하는 동안 부모 이외의 타인들과 함께, 책 이외의 다른 대상을 매개로 다양하게 변주되고 확장될 수 있다.

대면 비대면 외면

2

응시의
미덕

따스한 관찰의 힘

스탠퍼드 대학교의 새라 콘래스 연구팀에 따르면, 지난 20년 동안 젊은이들의 공감 능력이 40퍼센트 감소했다고 하는데, 온라인 세상을 항해하느라 현실 속 대면 관계를 희생시킨 것이 공감 능력의 감퇴로 이어졌다고 분석된다.* 한국에서는 아직 그런 연구가 이뤄지지 않은 듯하지만, 상황이 거의 비슷하리라고 추정된다. 꾸준하게 늘어나는 학교 폭력과 청소년 자해 등은 정서적 유대의 결렬과 깊은 관계가 있고, 그 배후에는 사람을 동등한 인격으로 마주하기 어려운 온라인 경험의 과잉이 깔려 있다.

---

* 　매리언 울프, 『다시, 책으로』, 88쪽.

전환의 계기를 마련할 수 있을까. 1996년 캐나다에서 시작된 '공감의 뿌리Roots of Empathy'라는 프로젝트는 중요한 실마리를 던져준다. 한국에서도 2019년부터 몇몇 초등학교와 유치원을 중심으로 시행되는 이 수업에는, 인근에 사는 갓난아기가 엄마와 함께 초대된다. 학생들은 아기가 생후 2개월일 때부터 학년이 끝날 때까지 한 달에 한 번씩 만나게 된다. 아기는 교실 한가운데 자리를 잡고, 그 주위에 학생들이 빙 둘러앉는다. 아기는 누워 있을 수도, 앉아 있을 수도 있다. 엎드려 기어 다닐 수도 있고, 그냥 조용히 잠들어 있을 수도 있다. 아무래도 상관없다. 프로그램 전담 교사가 이끄는 수업은 주로 질문과 대답으로 구성되는데, 학생들은 아기를 유심히 관찰하면서 지난 한 달 동안 어떤 변화가 있었는지 엄마에게 묻는다. "뒤집기는 했나요?" "첫 이는 났나요?" "무슨 음식을 먹었나요?" 등이다.

그리고 교사는 아기의 행동이나 표정을 통해 그 마음을 읽어보게끔 이끌어준다. 예를 들어 아기가 칭얼대면 지금 어떤 감정 상태인지, 무엇을 원하는지 등을 짐작하게 하고 실제 이유를 엄마에게서 확인한다. 또한 아기의 시선으로 세상을 바라보도록 유도하기도 하는데, 예를 들어 엎드려 있는 자세를 똑같이 따라 하면서 주변을 돌아보는 식이다.* 그러니까 이 수업에서

---

* 유튜브에서 'Roots of Empathy' 또는 '공감의 뿌리'를 검색하면 몇 가지 수업 장면을 볼 수 있다. 그리고 EBS 「다큐 프라임」의 '퍼펙트 베이비 ―3부 공감, 인간관계의 뿌리'를 검색하면 첫 부분에 수업 장면 하나가 소개된다.

는 아기가 교사(?) 노릇을 하면서 질문을 끌어내고 새로운 관점을 열어주는 셈인데, 이 프로그램을 창안한 메리 고든은 그 경험을 이렇게 풀이한다.

'공감의 뿌리'에 참여하는 학생과 프로그램 진행에 도움을 주는 어른들은 '아기의 지혜'라는 중요한 지혜를 배운다. 아기는 행동과 감정이 꾸밈없고 순수하다. 〔……〕 아기에게는 교실 안 모든 학생이 새로운 경험이다. 아기는 학생 한 명 한 명과 만날 준비가 되어 있다. 아기의 눈에는 인기 많은 학생도 없고 말썽꾸러기 문제아도 없다. 다만 침울하거나 근심에 싸인 학생이 자꾸 눈에 들어올 뿐이다. 아기는 대개 이런 학생에게 손을 내민다. 늘 소외당하고 따돌림당하던 학생은 아기와 공감 관계를 형성하면서 사회적 포용 영역으로 들어간다. 〔……〕 아기는 경계나 규정에 얽매이지 않고 직관에 따라 골고루 사랑을 나눠준다.*

실제로 이 프로그램을 1년 동안 실시하고 나면 왕따가 80퍼센트 이상 줄어들고, 친구를 괴롭히던 아이가 친구들을 돕는 아이로 거듭나는 일이 일어난다고 한다. 아기의 감정을 알아내고 거기에 이름 붙이면서, 타인의 입장에서 느끼는 법을 배우기 때

---

* 메리 고든. 『공감의 뿌리』. 문희경 옮김. 샨티. 2010. 27~28쪽.

문이다. 학생들은 교실에 아기가 들어오는 순간부터 일제히 시선을 집중하고 호기심의 스위치를 켠다. 평소에 스마트폰이나 게임에 탐닉하던 학생도 아기라는 신비한 존재 앞에서는 마음을 온전히 모은다. 그러한 경험을 통해 공감 능력을 키우는데, 그 뿌리에서 다른 사람들과 심층적으로 연결되어 있음을 몸으로 깨닫는다.

앞(3부 3장)에서 자세히 논의했듯이, 스마트폰을 사용하는 연령이 급격히 낮아지면서 요즘 아이들의 소통 능력 또한 발달이 더뎌졌다. 소통 능력의 핵심 가운데 하나는 곤란한 상황에 유연하게 대처하고 불편한 마음을 지혜롭게 다스리는 것인데, 스마트폰은 그런 방법을 배워가는 데 걸림돌이 되기 일쑤다. 특히 자기감정을 들여다보아야 하는 상황임에도 화면으로 주의를 돌림으로써 아예 회피해버리는 것이다. 하지만 회복의 가능성은 있다. UCLA 연구팀은 10~11세 아동이 스마트폰 없이 야외에서 5일 동안 생활하도록 한 후 변화를 살펴보았다. 그 결과 표정이나 몸짓 등에서 감정을 드러내는 비언어적 단서들을 지각하는 능력이 향상된 것을 확인했다고 한다.*

인간이 느끼는 행복감의 절반 이상은 타인과의 유대에서 비롯된다. 유대란, 무엇인가를 공유하는 것이다. 내가 타인과 의미 있게 연결되어 있다고 느낄 때 생명의 힘은 배가된다. 하지

---

* 노리나 허츠, 『고립의 시대』, 2021.

만 저절로 연결되는 것은 아니다. 특히 감정을 표현하고 수용하는 능력은 꾸준한 경험과 연습을 통해 학습된다. 인간의 정서는 매우 복잡한 얼개를 지니고 있으며, 엄청나게 까다롭고 미세한 코드를 담고 있기 때문이다. 그것을 적절하게 활용하고 정확하게 읽어내기 위해서는 여러 부류의 사람들과 소통하고 교감해야 한다. 그리고 평소에 마음의 촉수를 건강하게 유지하는 습관이 요구된다.

의과대 학생들이 미술관에 간 까닭

섬세한 감수성과 안목을 키우는 교육은 다양한 방식으로 시도되고 있다. 여러 예술 장르와 접목하여 커리큘럼을 짜는 경우가 많은데, 미국의 예일대나 하버드대 등과 같은 의과대학의 사례가 흥미롭다. 원래 의료와 예술은 밀접한 연관이 있다. 우선 치료의 기법으로서 음악, 그림, 글쓰기, 연극 등 예술의 여러 장르를 활용하는 프로그램이 이미 널리 운영되고 있다. 정신 질환을 치료하는 방법으로 가장 익숙하지만, 다른 질병의 치유에서도 마음의 안정과 정화를 위해 긴요하게 활용된다. 의료와 예술의 접점을 찾을 수 있는 또 다른 예로, 해부학과 미술의 만남이 있다. 드로잉을 배우기 위해서는 인체에 대한 체계적인 이해가 필요하기에 해부학은 미술학과의 필수과목으로 자리 잡았다.

그런데 최근 주목을 받는 커리큘럼은 전혀 새로운 차원으로 나아간다. 의학 전문 지식을 습득하고 실습하는 과정에 미술을 끌어들인 것이다. 미술관을 찾아가 그림과 조각을 관람하고 감상을 나누도록 하는 수업으로, 교양 강좌가 아닌 본과 및 레지던트 과정에 속해 있다. 관찰력을 키우기 위해 설계된 특별 커리큘럼인 것이다. 하버드 대학의 관계자는 이렇게 말한다. "우리가 하는 일의 9할은 관찰입니다. 기술이 아무리 발전한다 해도 환자와 의사 사이의 상호작용은 여전히 중요해요. 〔……〕 작품을 관람하면서 패턴과 결을 읽어내는 기술을 익히는데, 이는 피부의 질환을 진단하는 것과 일맥상통합니다. 대칭을 파악하는 방법도 배우는데, 두개골 신경의 이상異常을 식별하는 안목과 연결되지요."*

정말 그럴까. 미술 작품의 이모저모를 들여다보면서 세세한 부분을 관찰하는 눈이 밝아지면, 실제로 환자의 상태를 파악하고 그의 생활 여건 등을 고려하여 적절한 처방을 내리는 능력도 향상된다고 한다. 2001년 예일대 연구팀이 『미국의사회보』에 보고한 바에 따르면, 예술품을 활용한 시각 훈련을 시행한 결과 피부과 질환에 관한 진단 능력이 56퍼센트 신장되었다. 그리고 질병 자체에 대한 진단 능력뿐 아니라 전반적인 관찰 능력, 특히 세부적인 변화를 알아차리는 능력이 10퍼센트 높아졌

---

*   https://hms.harvard.edu/magazine/art-medicine/museum-studies

다.* 그림을 보는 눈과 환자를 보는 눈이 많은 점에서 상응하는 것이다.

진단 기술에서는 인공지능의 실력이 비약적으로 향상되고 있다. 방대한 빅데이터를 바탕으로 엑스레이나 MRI 촬영물을 판독하는 시스템은 의사의 역할을 빠르게 대체해갈 수 있다. 하지만 진단은 의사가 하는 일의 일부에 불과하다. 환자에 맞춰서 필요한 처치를 하는 것, 그리고 생활 습관의 개선을 유도하여 재발을 방지하는 것이 의사의 핵심적 역할이다. 그 일을 수행하는 데도 관찰이 매우 중요하다. 한국의 어느 의사가 이런 경험을 했다. 한 여성이 심한 당뇨병으로 입원 치료를 받는데, 충분한 치료에도 불구하고 별다른 차도가 나타나지 않았다. 무엇이 문제일까 생각하다가, 간병하는 시어머니를 유난히 어려워하던 환자의 모습이 마음에 걸렸다. 남편에게 부탁해 간병인을 바꾸도록 했더니 이후 경과가 많이 좋아졌다.

환자의 신체 상태에만 신경을 쓰는 의사라면 주변 환경에 두루 마음을 기울이기 어렵다. 그런 감수성과 안목을 키우는 과정이 의과대학 커리큘럼에 들어와야 한다. 예를 들어 환자의 말투에서 출신지를 추측하여 그 지역의 식생활 습관과 병의 관련

---

* Jacqueline C. Dolev, Linda K. Freidlander & Irwin M. Braverman. "Use of Fine Art to Enhance Visual Diagnostic Skills." *Journal of the American Medical Assocation*, vol. 286, no. 9. pp. 1021~1029(山口周.『世界のエリートはなぜ『美意識』を鍛えるのか?』. 光文社新書, 2017, 217쪽에서 재인용).

성을 추적하거나, 병실의 침대 옆에 놓여 있는 책이나 병문안 오는 손님들을 통해 환자의 취향 및 사회적 관계망을 짐작하여 재활 프로그램을 짜는 식이다. 환자의 삶에 대한 단서들을 포착해 치료법의 결정에 활용하는 통찰력을 키우는 데 미술관 교육은 도움이 된다. 예술품에 묘사된 인물의 감정이나 처한 상황을 세밀하게 읽어냄으로써, 타인에 대한 공감력과 상상력을 일깨울 수 있기 때문이다.

의료와 미술의 연결 고리는 또 있다. "우리는 의사로서 아름다움을 추구하고 환자들이 자신의 아름다움을 찾아낼 수 있도록 돕습니다. 예술가도 여러 가지 방식으로 고통과 타인의 감정을 표현하지요."* 하버드 대학 관계자의 말이다. 아름다움이 의료 현장에서 왜 중요할까. 아프가니스탄 전쟁 때 부상병 치료에 가담했던 아툴 가완디의 이야기를 들어보자. 외상 일지를 살펴보던 외과의사들은 부상으로 인한 실명이 너무 많다는 것에 주목했다. 그다지 심한 상처가 아닌데도 상태가 나빠지는 경우가 꽤 많았다. 문제는 치료용 보안경이었는데, 모양이 너무 촌스러워서 부상병들이 착용을 꺼렸던 것이다. 의료진은 멋진 디자인의 방탄 보안경으로 바꾸었고, 이후 실명이 크게 줄어들었다.**

---

* https://news.harvard.edu/gazette/story/2017/01/prescribing-art-in-medicine/
** 아툴 가완디.『어떻게 일할 것인가』. 곽미경 옮김. 웅진지식하우스. 2018. 84~85쪽.

의료에서 심미적인 만족감은 중요하게 다뤄져야 한다. 병원의 제반 시설이 아무리 청결하고 위생적이라 할지라도, 시각적 환경이 삭막하고 우중충하다면 치료 효과가 줄어들 것이다. 어떤 병원에서는 환자복을 세련되게 바꾸어 평소에 입고 다녀도 손색이 없는 패션으로 업그레이드한다. 병동 곳곳에 그림이나 조각 등 정갈한 소품을 배치한다든가 잔잔한 음악이 흐르도록 해서 환자들의 정서를 윤택하게 하는 병원도 있다. 이제 병원이 치료cure에만 집중하는 것이 아니라 돌봄care에 더욱 힘을 쏟아야 하는데, 그러한 사례들은 시사하는 바가 많다.

병원이 새로운 모습으로 바뀌려면 유연한 조직문화가 조성되어야 하고, 그를 위해 사물에 대한 감각을 공유하면서 다양한 의견을 자유롭게 나눌 수 있어야 한다. 미술관에서 이뤄지는 교육 방식은 그 점에도 초점을 맞춘다. 작품에 대한 전문적인 해석에 주눅 들기보다, 자기가 보고 느낀 바를 꾸밈없이 표현할 수 있도록 질문하고 분위기를 이끈다. 이는 팀으로 일하는 마음가짐과 소통의 기술로 자연스럽게 연결된다. 그런 태도와 감수성은 일방적으로 가르칠 수 없고, 반복되는 경험 속에서 자연스럽게 체득해가야 한다.

고등학생들의 수학 성적도 향상

미술관 교육은 중등교육 과정에서도 효과를 발휘한다. 미국 뉴욕의 빈민가에 있는 어느 공립 고등학교는 뉴욕 주가 주관하는 졸업 시험을 통과하지 못해 졸업장을 받지 못하는 학생들이 늘어나서 고민에 빠져 있었다. 그런데 어느 해에 새로 부임한 교사가 그것이 학생들의 지능 문제 때문이 아님을 알아차렸다. 학생들은 졸업 시험에서 수학 과목을 가장 어려워했는데, 문제의 요지를 파악하고 세부 정보(디테일)에 집중하는 능력이 특히 부족했다. 즉 출제된 문제의 지문에서 핵심을 놓치고, 불필요한 정보에 이끌려 엉뚱한 계산을 하는 것이다.

그 교사는 학생들의 수학 실력을 향상시키는 창의적인 방법이 없을까 고민하던 중, 의과대학의 미술관 교육에 관한 이야기를 듣게 되었다. 의대생들의 진단 능력을 향상시켰다면 고등학생들에게도 효과가 있을 것이라고 판단하고, 미술사가이자 관찰 전문가인 에이미 허먼에게 관련 프로그램을 의뢰했다. 허먼은 『우아한 관찰주의자』의 저자로, 책의 원제는 'Visual Intelligence'(시각적 지능)다. '시각적 지능'이란, 보이는 것을 넘어 본질을 꿰뚫어 보는 관찰력을 의미한다. 이 책에는 눈썰미를 키우는 데 도움이 되는 수많은 시각 자료가 예리한 질문들과 함께 실려 있다. 그런 역량은 경찰의 범죄 수사, 전쟁을 수행하는 군인, 기업을 경영하는 CEO 등에게 요구되고, 실제로 그가 개발한 워크숍이 그러한 영역들에서 행해지고 있었다. 평범한 장면에 숨어 있는 중요한 정보를 포착하는 역량은 기회를 잡고 위험을 피하게 해줄 뿐만 아니라 인생을 변화시킨다고 허먼은 강조한다.

도움을 요청받은 에이미 허먼은 우선 학교를 방문해 다양한 미술 작품을 영상으로 보여주면서, 세세한 부분들에 주목하는 관찰력을 연습시켰다. 그리고 1주일 뒤 미술관을 찾아가 학생들을 소그룹으로 나눈 다음, 작품을 관찰하고 그 내용을 발표하도록 했다. 학생들은 주의 깊게 듣고 질문하면서 찬찬히 생각한 끝에 답을 내놓았는데, 이후 이들의 수업 태도가 바뀌었을뿐더러 졸업 시험의 합격률도 15퍼센트 향상되었다. 학생들을 지켜본 교사는 눈빛이 초롱초롱하고 활기찬 모습이었다면서, 평소에 공부를 어려워하고 수업을 방해하던 학생들이 진지하게 몰입하는 것을 보면서 신이 났다고 한다.

미술관 훈련에 참여하고 교실로 돌아온 학생들은 다른 학생들보다 수학 문제에서 연관성을 더 쉽게 알아보았다. 〔……〕 문제의 해결책은 수학에 있지 않았다. 학생들의 마음가짐에 있었다. 학생들은 예술을 관찰하는 새로운 활동에 몰두하면서 눈을 더 크게 떠 일상에서 놓치던 세세한 부분을 더 많이 발견할 수 있었다.*

지성은 여러 가지 지적 역량으로 구성된다. 기억력, 이해력, 분석력, 추리력, 표현력, 판단력, 문제 해결력, 인내력, 자제력, 결단력, 추진력, 실행력, 회복력, 공감력, 상상력…… 이른바 '사고력'이라는 것은 이렇듯 여러 범주로 세분화할 수 있으며, 타고난 유전자와 후천적 학습 및 경험에 의해 다르게 배합된다. 어떤 상황에서 특별히 더 요구되는 것이 있고, 생애의 단계에 따라 강조되는 것이 달라질 뿐이다. 그런데 어느 역량이든 '주의력'의 토대 위에서 작동한다. 주의를 집중하고 목표하는 대상에 정확하게 초점을 맞추지 않으면, 아무리 지능이 뛰어나도 소용이 없다. 주의력을 훈련함으로써 수학 성적을 향상시킨 사례가 그것을 반증한다.

그런 프로그램은 디지털보다 아날로그 방식이 더 적합하다. 앞으로 많은 직장이 출근과 재택을 병행하는 하이브리드 근무 시스템으로 변화할 가능성이 있듯이, 학교도 오프라인과 온라인을 배합한 '블렌디드 수업'을 도입할 여지가 생겼다. 그럴 경우, 학습 목적에 따라 적절한 방식을 채택해야 한다. 각자 집중하여 지식을 연마하는 수업은 온라인으로 강의하되, 몸으로 직접 만나서 함께 호흡하며 생각과 느낌을 주고받는 학습은 오프라인으로 진행하는 것이 효과적이다. 앞서 소개한 미술관 수업과 같은 프로그램은 오프라인의 강점이 가장 잘 드러나는 영

---

*   에이미 E. 허먼.『우아한 관찰주의자』. 136~139쪽.

역이라고 할 수 있다. 미술 분야 외에도 여러 예술 장르가 다양한 교과목과 접목될 수 있을 것이다.

이러한 훈련을 통해 주의력이 신장되면 인지능력의 향상에 도움이 되는 것은 물론, 예술적 감수성 또한 고양된다. '아름답다'는 말의 어원이 '알음+답다'라는 견해가 있다. 무엇을 제대로 알고 나면 아름다움을 느낀다는 의미로 해석된다. '아는 만큼 보이고, 보는 만큼 느낀다'라는 말과도 상통한다. 심미적 감각은 섬세한 관찰력을 요구한다. 눈으로 빤히 보면서도 놓치는 것이 얼마나 많은가. 제대로 알기 위해서는 제대로 보아야 한다. 깊이 들여다보면 새로운 것이 드러나면서 발상과 혁신의 실마리가 된다. 인공지능으로 대신할 수 없는 것 가운데 하나가 '안목'이다. 주의 깊은 관찰은 창의성의 토대를 이루고, 행복한 삶의 원천이 된다.

3

보이는 것을
넘어서

외면의 이면

"어른이 되면서 세계는 하나의 습관이 된다."

—— 요슈타인 가아더

누구나 어린 시절에는 관찰을 즐긴다. 어린아이들은 어른
들이 보기에 하잘것없는 것들에 무심코 빠져든다. 세상 만물이
모두 진기하고 매일의 경험이 새롭기 때문이다. 하지만 어른이
되면서 세상에 익숙해지고, 주변 현상들에 대해서도 별다른 감
흥을 느끼지 못하게 된다. 반면, 예술가나 과학자들은 나이가
들어도 어린아이의 호기심을 여전히 간직한다. 일상의 여러 정
황을 당연하게 받아들이지 않고 사소한 것들에 물음표와 느낌
표를 붙이는 것이다. 그들의 작품이나 발상이 경탄을 불러일

　　　　　대면 비대면 외면

으키는 것은, 우리 안에 잠들어 있던 동심을 일깨워주기 때문이다.

관찰의 즐거움을 전해주는 작가로, 프랑스의 미셸 투르니에를 빼놓을 수 없다. 전통적인 이야기 형식과 신화적 상상력으로 현대사회를 조명한 그는 소설 이외에도 많은 산문을 남겼다. 그 가운데 하나가 『외면 일기』로, 여행을 하면서 또는 한적한 마을에 혼자 살면서 겪은 일들을 틈틈이 메모해두었다가 묶어낸 책이다. 짤막한 글들이지만 평범한 일상사에서 비범한 무언가를 발견하는 눈썰미가 탁월하다. 형형색색으로 변모하는 자연에 대한 예찬, 인생의 흐름에 대한 단상, 프랑스어의 몇몇 관용구에 대한 새로운 해석, 동네 사람들과의 익살스러운 대화 등 다채로운 내용이 담겨 있다. 이 책을 왜 썼는지에 대해 작가는 이렇게 말한다.

아주 오래전부터 나는 여행을 하는 동안의 여정과 그때그때 있었던 일들뿐만 아니라 일상생활의 크고 작은 사건들, 날씨, 철 따라 변하는 우리 집 정원의 모습, 집에 찾아오는 손님들, 운명의 모진 타격, 흐뭇한 충격 따위를 노트에 적어두는 습관이 있었다. 〔……〕밖에서 마주친 사물들, 동물들, 사람들이 내게는 나 자신을 비추는 거울보다 항상 더 흥미롭게 느껴졌던 것이다. "너 자신을 알라"고 한 소크라테스의 저 유명한 말이 내게는 항상 아무런 의미도 없는 명령으로만 느껴졌다. 나는 나의 창문을 열고 문밖으로 나설 때 비로소 영감을 얻는다. 현실은 나의 상상력의 밑천을 훨씬 상회하는 것이어서 끊임없이 내게 경이와 찬미를 자아낸다.*

책 제목을 '외면 일기'라고 붙인 이유가 담겨 있는 글이다. 원제는 'journal extime'인데, 'journal intime'(내면 일기)에 대비되는 개념이다. 프랑스어에서도 'journal extime'은 '외면 일기'만큼이나 낯선 표현이다. 대개 일기를 쓴다고 하면 자아를 성찰하는 내면의 작업이 주를 이룬다. 그러나 투르니에는 그보다 바깥 세계를 관찰하는 데서 훨씬 큰 흥미를 느낀다고 말한다. 물론 내면을 부정하는 것은 아니다. 그는 소설가로서 정신을 탐구하고 삶을 반추하는 작업에 평생 매달렸다. 하지만 보이지 않는 세계에 천착하면서도 보이는 세계를 세밀하게 주시했다. '외면 일기'라는 제목은 추상과 관념에 치우쳐 구체적 감각을 놓치면 안 된다는 메시지를 담고 있다.

이 책을 '외면 일기'로 번역한 것은 적절하면서도 흥미롭다. 한국어에서 외면은 두 가지 뜻을 담고 있다. (1) 상대한 사람과 마주 대하기를 꺼리어 얼굴을 다른 쪽으로 돌려버림, 또는 피하거나 받아들이지 않음. (2) 사람의 겉으로 드러나 보이는 모양이나 모습, 또는 물건의 겉으로 드러난 면. 그런데 보통 우리

＊　미셸 투르니에. 『외면 일기』. 김화영 옮김. 현대문학. 2004. 5~6쪽.

가 '외면'이라고 말하면 (1)을 가리키는 경우가 대부분이고, 이 책에서도 그 의미를 중심으로 삶과 사회를 논의했다. 그에 비해 중국어나 일본어에서는 (2)의 의미로만 쓰이고, (1)을 뜻하는 단어는 전혀 다르다. 〔중국어에서는 背过脸, 转过脸, 掉头, 不理睬 등의 표현을 쓰고, 일본어에서는 '顔をそむける'(얼굴을 돌리다) 라고 한다.〕 한국에서도 대략 20세기 초까지 (2)의 의미로 쓰이다가* 20세기 중반 이후 (1)의 의미가 추가된 듯하다.

'외면 일기'는 사물의 겉모습이라는, 잊혀가던 외면의 고전적인 뜻을 새삼 환기시켜주었다. 겉모습은 겉치레나 꾸미기 등을 연상시키면서 부정적인 뉘앙스를 띨 때가 많다. 그러나 미셸 투르니에처럼 겉모습을 바라보면서도 표면에 머물지 않고 심층의 실재를 들여다볼 수 있다. 우리에게 필요한 능력은 무엇일까. 외면으로 드러나는 것을 관찰하기. 그 이면에 숨어 있는 것을 통찰하기. 그 지성과 감성으로 내면을 성찰하기…… 외면과 내면은 대립하는 개념이 아니다. 바깥을 자세히 응시하면 안쪽이 보인다. 안으로 시선을 뻗어가다 보면 겉모습이 다시 보인다.

---

*   한 가지 예로, 1919년에 발표된 김동인의 소설 「약한 자의 슬픔」에 "그는 차차 노기를 외면에 나타내게 되었다"라는 표현이 있다.

보이지 않기에 충만해지는 것

"세상을 이해한다는 것은 눈에 보이는 것을 그대로 믿지 않는 것이다."

──수전 손택

시각장애인들을 대상으로 강의를 한 적이 있다. 의뢰가 들어왔을 때 선뜻 수락했지만, 돌이켜보니 그때까지 시각장애인과 길게 대화를 나눈 기억이 없었다. 강의를 준비하면서 여러 가지 고민이 생겼다. 앞을 볼 수 없는 이들인 만큼 강의할 때 유념해야 할 점이 많을 것 같았다. 예를 들어 말문을 열면서 '오늘 날씨가 참 좋죠?'는 괜찮지만, '하늘이 참 파랗고 높더라고요'는 부적절하지 않을까. 강의 내용에 촛불을 소재로 한 예화를 넣고 싶은데, 자칫 소외감을 불러일으키는 것은 아닐까.

하지만 이따금 방송에서 시각장애인이 하는 말을 들어보면 전혀 이질감이 느껴지지 않는다. 헬렌 켈러가 쓴 글에도 '석양에 빛나는 노을' '보석 같은 밤하늘의 별들' 같은 표현이 나온다. 인간의 언어는 시각적 체험 없이도 충분히 형성될 수 있음을 보여준다. 어쩌면 그들이 '빛'의 속뜻을 더 잘 알고 있을지도 모른다. 그렇게 생각하며 나는 그냥 편안하게 이야기하기로 했다. 설혹 어떤 부분에서 위화감을 느낀다 해도, 그것은 이미 익숙한 장애의 일부일 것이다. 나중에 물어보니 선천적 시각장애인도 색깔

등 시각에 관련된 표현들을 자기 나름의 방식으로 수용한다고
했다.

강의는 순조롭게 진행되었는데, 한 가지 특이했던 점은 시
선이었다. 보통 대화에서는 눈빛의 교환이 매우 중요하고, 눈을
맞추지 않으면 소통이 겉돌거나 엇나가기 쉽다. 하지만 그 강의
에서는 오히려 몰입이 쉽게 이뤄졌다. 그들은 스마트폰을 만지
작거리거나 주변의 사물들에 주의를 빼앗기지 않고 온전히 강
의에 집중했다. 우리는 오직 목소리에만 귀 기울이면서 서로의
존재를 깊이 체감할 수 있었다. 청각만으로 연결되는 그 공간에
서 우리의 몸은 커다란 귀가 되어 마음을 모으고 있었다.

시각장애인들은 시각이 차단되어 있기에 다른 감각들이 더
발달된다고 한다. 예를 들어 언어 인지력을 비교해보면, 선천
적 시각장애인의 경우 소리의 높낮이나 시간 변화 분석력(시간
의 흐름에 따라 변화하는 소리 에너지를 잘 인지하는 능력)이 후
천적 시각장애인이나 비장애인에 비해 높은 것으로 나타난다.[*]
뇌과학에서는 그 이치를 이렇게 설명한다. "시각적으로 뇌에
들어오는 정보가 없으면, 다른 자극을 처리하기 위한 신경 예비
용량이 늘어난다."[**] 말하자면, 시각이 차단되는 대신 다른 감
각이 활성화되는 것이다. 더 나아가 소통의 방식도 새로워질 수

---

[*]   「눈이 안 보이면 '청력' 고도로 발달… 사실일까?」, 『헬스조선』 2019. 11. 19.

[**]   베르너 바르텐스, 『접촉』, 김종인 옮김, 황소자리, 2016. 64쪽.

있다. 그런 차이는 갈등의 요인이 아니라 경이로운 발견의 계기가 될 수 있다.

바로 여기에 착안한 예술 체험이 있다. 일본의 미학 교수 이토 아사는 일본의 어느 미술관에서 열린 '시각장애인과의 감상 워크숍'을 소개한다. 시각장애인들이 미술관에 찾아가 손으로 만지면서 작품을 감상하는 프로그램(접촉이 허용되는 미술품은 지극히 드물고, 그나마 조각 작품에 한정된다)은 종종 열린다. 그런데 이 워크숍은 그것과 다르다. 서른 명의 참가자들이 5~6명씩 모둠을 지어 진행하는데, 각 모둠에는 반드시 시각장애인이 한 명씩 포함되어 있다. 방식은 간단하다. 비장애인들이 작품에 관해 이야기하면, 시각장애인들이 질문을 던지며 생각과 느낌을 함께 나눈다. 작품당 20분 정도가 소요되는데, 이토 교수는 그것을 '소셜 뷰잉social viewing'이라고 명명한다. 사람들과의 관계를 통해 감상이 이뤄진다는 뜻이다.

그런데 소셜 뷰잉은 '눈이 보이는 사람에 의한 해설'이 아니라(눈이 보이는 사람의 말이 정답은 아니기 때문에), 모두가 다 함께 본 '사회적' 경험이라고 강조한다. 비장애인들은 눈에 보이는 것과 보이지 않는 것을 함께 말해야 한다. 즉 그림의 크기나 색 같은 시각 정보 외에도 자기만의 생각, 인상이나 떠오른 기억 등 '주관적 의미'를 공유하는 식이다. 그렇게 느낌을 나누는 것의 의의를 이토 교수는 이렇게 풀이한다.

작품을 본 순간 한눈에 의미를 알 수 있는 사람은 없을지 모른다. 한참 동안 작품을 바라보기도 하고 고민도 하다가 인상적인 부분을 바탕으로 작품에 차근차근 접근해가는 것이다. 처음에는 막연했던 느낌이 조금씩 선명해지면서 자신만의 '의미'를 더듬더듬 찾아 나갈 수 있게 된다. 감상은 느린 걸음과 같다. 경우에 따라서는 틀린 길이거나 아닐 수도 있는데, 여러 갈래의 길이 있어 목적지를 쉽게 찾을 수가 없다. 그러나 멀리 돌아간다는 사실이 중요한 것이다.*

그러니까 이 워크숍은 시각장애인만을 위한 것이 아니다. 오히려 비장애인이 작품에 대해 설명하고 자신의 감상을 공유하는 과정에서 작품의 이면을 더욱 깊이 들여다볼 수 있다. 그 미술관의 직원은 인상파 화가의 작품을 설명하면서 "여기 호수가 있네요"라고 말했다가 "자세히 보니 들판이네요"라고 정정했다고 한다. 직원은 매일 그림을 보면서도 착각하고 있었던 것이다. 빛으로 대상을 표현하는 인상파의 작품에서는 혼동이 일어날 수 있으며, 오히려 그 착각이 제대로 감상했다는 증거가 될 수 있다. 그냥 들판이 아니라 '호수 같은 들판'으로 감지했기 때문이다.

---

* 이토 아사. 『눈이 보이지 않는 사람은 세상을 어떻게 보는가』. 박상곤 옮김. 에쎄. 2016. 163쪽.

보이는 것이 많아질수록 보는 것은 오히려 줄어든다. 시각 정보의 범람 속에서 시선의 주체가 되기 어렵기 때문이다. 찬찬히 살펴보고 요모조모 따져볼 때, 정보를 조합하고 지식을 창조할 수 있다. 더 나아가 인간관계에도 정성을 기울인다. 섣불리 단정하지 않고 애매한 것을 견디며 아직 드러나지 않은 것을 겸허하게 기다릴 줄 아는 경청의 공간이 열리는 것이다.

나는 어느 야간 대학원에서 강의할 때, 매시간 수업이 끝날 무렵 불을 끄고 다 함께 음악을 듣는다. 어둠을 꽉 채우는 선율은 각별한 울림으로 다가온다. 밝음 속에서 보이지 않던 삶의 무늬가 드러나는 듯하다. 그리고 배움을 함께하는 동료들이 새삼스럽게 의식된다. 눈을 감을 때 비로소 열리는 차원이 있다. 일상의 이면을 더듬으면서, 아직 드러나지 않은 생각의 씨앗을 돌보게 된다. 더 나아가 미망과 맹목의 굴레를 자각하기도 한다. 이따금 조명을 끄고, 자신의 무명無明을 응시해보자. "인생에서 가장 고귀하고 아름다운 것들은 우리에게 들리는 것도 읽히는 것도 보이는 것도 아닌, 우리에 의해 살아지는 것이다." 키르케고르의 말이다.

대면 비대면 외면

5부

회복의
시공간을 찾아서

1

고립된 이들의
가슴 열기

외로움, 전체주의를 잉태하는 감정

어느 노인복지센터의 센터장에게서 들은 이야기다. 매일 방문하는 한 할아버지가 민원을 남발해 직원들을 힘들게 했다. 저녁에 귀가하고 나면 센터에 전화해서 시설의 운영 방식이나 직원들의 서비스에 대해 시시콜콜 트집을 잡고 불만을 늘어놓는 것이 일과일 정도였다. 그런데 어느 날 그것만으로 기분이 풀리지 않았는지, 센터에 다시 찾아와서 고성을 지르며 소란을 피웠다. 게다가 분을 못 이기고 112에 전화를 걸어 신고까지 했다. 경찰이 출동하여 상황을 파악했고 아무 일도 아님을 확인했다. 경찰은 노인의 마음을 달래준 다음, 차에 태워 귀가시키기로 했다. 그 모습을 보던 센터장이 안타까운 마음에 물었다. "할아버지, 왜 그러셨어요?" 그는 이렇게 대답했다. "외로워서 그

랬어."

인간은 살아가면서 여러 가지 불편한 감정들을 겪는데, 그것을 처리하는 데 미숙할 때가 많다. 내버려 두면 저절로 풀리기도 하지만, 시간이 지날수록 증폭되면서 마음을 괴롭히기도 한다. 이에 대처하는 방식은 크게 두 가지다. 안으로 억누르는 것과 밖으로 드러내는 것. 참고 견디는 것은 미덕이지만, 지나치면 정신 건강에 해롭다. 어떤 식으로든 표현하면서 해소하는 것이 바람직하다. 그런데 방법이 쉽지 않다. 두려움, 질투심, 수치심, 모멸감, 죄책감, 외로움 등 부정적 감정들의 대부분은 표현하기가 무척 어렵다.

자신이 지금 이러이러한 감정 상태라고 말하면 될 텐데, 우리는 자라면서 그런 방법을 배우지 못한 데다 문화적으로도 생소하다. 특히 남자들은 감정 전달에 서툴다. 꾹꾹 참고 있다가 엉뚱하게 터뜨리기 일쑤다. 무조건 화를 내는 식이다. 분노는 가장 표출하기 쉬운 감정이다. 누구나 특별히 배우거나 노력하지 않아도 화를 낼 수 있다. 심지어 아무 감정 없이도 화가 난 척 연기하는 것이 별로 어렵지 않다. 바로 그런 이유에서 다른 부정적 감정들을 분노의 형태로 드러내는 버릇이 생긴다. 두려움이나 수치심, 질투심 등이 올라올 때 화를 내면 일단 기분이 풀린다.

특히 외로움을 분노로 포장하는 경우가 많다. 사람들이 긴장하면서 자신을 주목하기 때문인데, 인상을 쓰고 언성을 높이면 주변에서 어떤 식으로든 반응하게 되고, 바로 거기에서 자신의 존재감을 확인할 수 있는 것이다. 그러므로 별것 아닌 일에 쉽게 화를 내는 사람을 보면, 혹시 너무 외로워서 그런 게 아닐까 하고 살펴볼 필요가 있다. 오랫동안 채워지지 못한 인정 욕구가 왜곡된 감정으로 전이되어 터져 나오는 것일 가능성이 높기 때문이다. 물론 스스로 그런 결핍을 자각하지 못하는 경우가 대부분이다.

외로운 사람들이 많아지는 세상이다. 2018년 한국리서치가 「한국인의 외로움 인식 보고서」(2018년 4월 18~20일, 만 19세 이상, 전국 1,000명 웹 조사 결과)를 내놓았는데, 응답자의 26퍼센트가 '자주, 거의 항상 외롭다'고 했다. 일인 가구가 많아지고, 독거노인이 급증하는 현실에 비춰볼 때 놀랍지 않은 수치다. 그런데 보고서에 따르면, 정작 외로움을 많이 타는 이들은 젊은 이들이다. 상시적 외로움을 호소한 비율을 세대별로 살펴보면, 20대 40퍼센트, 30대 29퍼센트, 40대 25퍼센트, 50대 20퍼센트, 60대 이상이 17퍼센트였다(특히 20대에서 외로움을 느끼지 않는다는 응답이 14퍼센트로, 다른 연령대보다 훨씬 낮았다). 젊을 수록 외로움에 더 많이 시달리고 있는 것이다.

외로운 사람들이 많아지면 사회가 어떻게 달라질까. 나치즘의 광기를 몸소 체험하면서 인간의 실존에 대해 사유한 정치철학자 한나 아렌트는 전체주의가 발흥하는 토양에 외로움이 자리 잡고 있음을 간파했다. 고립은 개인의 문제에 머물지 않는다는 것이다. 『전체주의의 기원』에서 그는 이렇게 말한다.

> 비전체주의 세계의 사람들이 전체주의 지배를 맞이할 자세
> 를 갖게 된 것은, 한때 노년처럼 사회적으로 주변부적 조건에
> 서 겪는 한계 경험이었던 외로움이 이제 우리 세기의 점점 더
> 많은 대중이 매일 겪는 일상 경험이 되었기 때문이다. 전체주
> 의는 대중을 무자비한 과정 속으로 내몰고 그들을 조직하는
> 데, 이 과정은 현실로부터의 자멸적인 도피 행각처럼 보인다.
> 〔……〕 단 한 사람의 전제적·자의적인 의지에 의해 지배당하
> 는 모든 사람의 비조직적인 무기력보다 조직적인 외로움이 훨
> 씬 더 위험하다.*

그에 따르면 독일이 제1차 세계대전에서 패망한 후 경제
파탄과 엄청난 실업이 닥쳐왔고, 자신을 비롯한 많은 독일인이
"쓸모없는 존재"로 여겨졌다. 바로 그러한 배경이 히틀러의 선
동이 먹혀들기 쉬운 토양이 되었다고 말한다. 그런데 왠지 지금
의 상황과 비슷하지 않은가. 신자유주의의 물결 속에서 이 세계
에 뿌리내리지 못하고 '잉여' 신세로 전락한 군중이 전 세대에
걸쳐 빠르게 늘어나고 있다. 많은 사람이 자괴감에 사로잡혀 모
든 것을 자기 탓으로 돌리며 극단적 선택까지 하는 지경에 이르
렀다. 교활한 권력자가 세상을 구원하는 메시아로 자처하면서

---

* 한나 아렌트. 『전체주의의 기원 2』. 박미애·이진우 옮김. 한길사. 2006. 282~283쪽.

그러한 무력감을 집단적 증오로 조직화할 수도 있다. 거기에서 엉뚱한 소속감과 정체성을 부여받은 '폭민mob'(조직되지 않는 거대한 폭력적 군중)이 출현한다. 바로 이것이 나치즘에 대한 아렌트의 통찰이다.

대중가요에서는 외로움이 흔히 낭만적 감상으로 묘사되지만, 사회적으로 고립된 상태에서 경험하는 외로움은 위험하다. 왜 그런가. 외로움에 시달리다 보면 타인과 연결되고 싶은 욕망이 간절해지기 마련이고, 혐오와 적대감은 그것을 충족시키는 간편한 통로가 된다. 무엇을 지향하거나 누군가를 좋아하는 것에 비해, 어떤 사람을 함께 미워하고 모욕하는 일은 관계 형성에 강력한 접착제로 작용하기 때문이다. 최근 몇 년 사이 미국 사회가 두 정치적 진영으로 나뉘면서 극단적인 분열로 치닫고, 한국을 포함해 많은 사회가 거칠고 공격적인 집단 감정에 휩싸이는 것은 바로 그런 까닭에서다. 이를 뒷받침해주는 연구가 호주에서 나왔는데, 극우 정당인 '원 네이션One Nation'의 지지자들은 다른 정당 지지자들과 비교해 외로움을 더 많이 느끼는 것으로 나타났다.* 정치가 격정적으로 흐르는 배경에는 절망감과 박탈감에 시달리는 원자화된 군중, 그리고 그 어두운 정서를 증폭시키는 정치적 세력이 있다.

---

* 「호주 연구팀, "외로움은 치명적인 사회적 암"」, 『데일리포스트』 2019. 12. 8.

젊은이들의 곤경

젊은 세대일수록 외로움을 많이 느낀다는 의외의 조사 결과를 어떻게 해석해야 할까. 디지털 네이티브로서 온라인에 늘 접속해 있고, 친구들과 활발하게 통신하는 20대가 가장 외로운 까닭은 무엇일까. SNS를 많이 할수록 타인과의 비교 속에서 불행감이 높아지고, 미국의 경우 청소년 자살률 증가의 원인으로도 지목된다는 점을 앞서(2부 2장) 언급한 바 있다. 그런데 거기에는 오프라인에서의 메마른 생활 세계도 맞물려 있다.

경제가 성장하고 도시화가 진행될수록 이웃 관계가 소원해지는 것이 일반적이다. 한국의 경우 2000년대에 접어들어 도시 재개발과 뉴타운 사업이 광범위하게 시행되는 가운데 동네가 빠르게 사라졌고, 아이들이 어울려 놀던 골목도 거의 자취를 감추었다. 거기에 맞물려 저출생으로 인해 자녀의 수가 줄어들면서 아이들의 일상은 더 무료해졌다. 집 안에서 형제자매들 사이에 맺어지는 관계뿐 아니라, 거기에서 파생되는 다른 관계들도 빈약해지기 때문이다.

한 세대 전까지만 해도 어린 시절에 가족 관계를 통해 생겨나는 네트워크가 풍부했다. 예를 들어 언니의 친구도 언니고, 친구의 언니도 언니였다. 동생의 친구도 동생이고, 친구의 동생도 동생이었다. 그에 비해 지금은 형제자매의 수가 훨씬 적을 뿐 아니라, 동네가 사라짐에 따라 한 다리 두 다리 건너 이어지던 알음알이들도 크게 줄어들었다. 그 결과 아랫세대로 내려갈수록 성장기에 맺는 인간관계의 폭이 좁아지고, 그만큼 사회적 지능을 키우기가 어려워진다.

게다가 한국의 경우, 조기교육의 열풍 속에서 경쟁의 압박에 점점 더 일찍 노출되기에 외로움이 깊어진다. 특히 IMF 금융 위기 이후 신자유주의의 흐름이 거세지며 고용 시장이 불안해진 탓에, 20대에도 취업을 위한 수험 공부에 매진해야 한다. 상황이 이러할진대, 친구나 선후배들과 깊은 유대를 맺을 수 있는 여유를 갖기란 쉽지 않다. 이렇듯 고립된 일상에서 디지털 세계는 무료한 마음을 쉽게 빨아들인다. 무한한 정보와 자극이 쏟아지고, 언제 어디서든 수많은 사람과 접속할 수 있어서 흡입력이 강력하다. 거기에서 시간을 보내다 보면 현실의 괴로움을 잠시 잊을 수 있다. 하지만 자칫 온라인에 진열되는 자아상에 집착하게 되고, 자기도취와 열등감 사이를 오가면서 정체성이 혼미해지기 쉽다. 외로움을 달래려고 온라인에 접속하지만, 오히려 공허함이 더욱 커지는 것이다.

코로나19는 상황을 더 악화시켰다. 2020년 20대 자살률은 전년에 비해 12퍼센트 늘어났고, 우울증도 2016년에 비해 두 배 이상 증가했다.* 특히 20대 여성의 자살이 두드러지는데,

---

* 보건복지부 '2020년 응급실 내원 자살 시도자 현황' 및 국민건강보험공단 '2016~20년 기분장애 질환 건강보험 진료 현황.'

2020년 응급실에 실려 온 자살 시도자의 5분의 1이 20대 여성으로 전년에 비해 33퍼센트 높아진 수치라고 한다. 하지만 코로나19 이전부터 청년 자살은 늘어나고 있었다. 전체 인구의 자살률은 2011년에 정점을 찍은 후 줄어드는 추세였던 데 비해, 20~35세의 자살률은 2017년 이후 꾸준하게 증가했다. 코로나19는 그러한 상승을 가속화했다고 보아야 한다.

자살에 이르는 경로는 복합 다기하고 저마다 여러 사정이 뒤얽혀 있다. 우선 개인적 차원에서 살펴보자. 김현수 정신건강 전문의는 그동안 자살 시도를 했던 청년들과 면담한 결과를 토대로, 위기 청년들의 심리 상태를 다섯 가지로 요약했다. (1) 자신에 대한 극단적 잔혹성, 자기 증오, (2) 문제의 유아적 개인화, 실패를 운명으로 받아들이는 태도, (3) 사회적 무시에 대한 과장된 두려움, 도움을 청하는 것에 대한 수치심과 망설임, (4) 현실적 어려움과 외로움, 무연고성, 복지와 돌봄의 결핍, (5) 부정적·비관적 악순환에 대한 예측, '이번 생은 망했다'는 절망과 자포자기.*

이렇듯 참혹한 심경에 빠져드는 배후에는 사회경제적 맥락이 있다. 무엇보다 가정이 경제적으로 취약하여 어릴 때부터 열패감에 시달려왔고, 부모로부터 오랫동안 학대를 받은 경우

---

* 김현수 외. 『가장 외로운 선택─청년 자살, 무엇이 그들을 죽음으로 내몰았는가』. 북하우스. 2022. 73~78쪽.

　　　　　　　　　　　　대면 비대면 외면

도 많다. 20대가 되어 자립하고 싶지만, 원하는 직장을 구하기 어려운 데다 당장의 용돈 벌이를 위한 일거리조차 구하기 만만치 않다. 게다가 코로나19로 신규 직원 채용은커녕 기존 직원들마저 내보내는 지경이 되어 취업 문이 거의 닫혔고 알바 자리도 위축되었다. 이런 상황에서 채무자나 신용 불량자가 되면 하루하루가 지옥이 되고, 여기에 주거 불안정까지 가중되면 좌절감이 더욱 짙어진다.

그런데 여성 청년이 왜 더욱 곤경에 처하는가. 앞의 책에서 이현정 교수가 면접 조사해 정리한 내용 중 몇 가지를 추리면 이렇다.* 우선 저임금, 비정규직, 서비스직 일자리에 여성들이 많이 몰려 있는데, 이들 부문에서 코로나19 영향으로 퇴직이나 임금 삭감이 많이 일어났다. 반면 남성은 의료, 교통, 경찰 등 위기 상황에서 유지되어야 하는 직업군에 여성보다 많이 종사한다. 그런가 하면 여성들은 친구들과 대화하며 스트레스를 해소하는 경향이 많은데, 거리두기 와중에 혼자 지내다 보니 우울감이 깊어진다. 그렇게 갇혀 있으면 자연히 미디어에 의존하게 되고, 거기에서 자주 접하는 여성 혐오 발언이나 폭력 사건들이 불안을 가중시킨다. 그에 더해 SNS 등에서 쏟아지는 화려한 이미지들과 자신을 비교하면서 자괴감에 빠지기 쉽다.

---

*   같은 책, 「2장 여성 청년 자살에 관한 인류학적 보고서」.

이야기가 경청될 때

"가장 중요한 때는 바로 지금 이 순간이고, 가장 중요한 사람은 바로 우리 곁에 있는 사람이며, 가장 중요한 일은 그 사람을 위해 좋은 일을 하는 것이다."

——톨스토이, 「세 가지 질문」에서

테레사 수녀에게 기자가 질문했다. "수녀님은 기도를 많이 하시는데, 하나님께 무슨 말씀을 드리세요?" 테레사 수녀가 대답했다. "저는 아무 말씀도 드리지 않아요. 그냥 듣고만 있어요." 기자가 말했다. "아, 그러시군요. 그러면 하나님께서는 무슨 말씀을 하시나요?" 테레사 수녀는 이렇게 대답했다. "그분도 아무 말씀을 하지 않으세요. 저와 마찬가지로 그냥 듣기만 하신답니다." 즉, 하나님과 인간이 서로를 경청하는 것이 기도라는 말이다.

경청이란 무엇인가. '경' 자는 두 가지 한자로 쓰인다. 흔히 쓰는 말은 기울일 경傾 자가 들어가는 것으로, '귀를 기울여 듣는다'는 뜻이다. 다른 하나는 공경 경敬자가 들어가는 것으로, '공경하는 태도로 듣는다'는 뜻이다. 한자가 다르지만, 두 단어는 일맥상통한다. 공경하는 마음이 없으면 귀를 기울이지 않는다. 그러니까 '傾聽'은 곧 '敬聽'이다. 핵심은 정성이다. 내 앞에 있는 누군가를 온 마음으로 맞아들이는 것이다. 지금 우리 사회

대면 비대면 외면

에는 그러한 만남이 절실하고, 고립감을 느끼는 청년들에게 특히 더 그렇다.

정부는 그동안 많은 청년 정책을 내놓았다. 하지만 청년의 삶이 놓여 있는 조건을 근본적으로 바꾸고, 그들의 생애 경로를 예측 가능하며 지속 가능하도록 지원하기에는 미흡하다. 고통과 절망을 당사자의 입장에서 인식하면서 종합적인 대책을 세워가야 한다. 그러려면 청년이 정책적 시혜의 대상이 아니라 사회를 함께 운영하는 주권자로 자리매김되어야 한다. 아울러 자신이 세상으로부터 버려졌다는 느낌이 들지 않도록 그들의 목소리에 귀를 기울여야 한다. 장숙랑 교수는 경청을 통해 사회적 단절과 배제를 극복해야 한다고 말한다.

"청년은 사회가 그들의 이야기를 잘 들어주기를 바라고 있습니다. 한두 개 정책이나 서비스만으로는 청년의 자살 고위험을 낮추기는 사실상 불가능합니다. 청년 자살률은 사회 구성원 모두에게 이 사회가 살기 어려운 곳이라는 메시지를 전해주고 있습니다. 모든 세대를 위한 정책이 필요합니다. 청년의 불행이 여성들만의, 남성들만의 불행일 리가 없습니다. 그리고 한 세대의 절망은 모든 세대의 불행으로 상호 확산됩니다. 마치 감염된 절망감처럼 모두에게 편하지 않은 사회, 아무도 경청해주지 않는 삶으로 표현되는 이 시대 청년의 일상을 어떻게 하면 더 나은 하루로 만들어갈 수 있을까요?"*

그러한 경청은 어떻게 이뤄질 수 있을까. 예술을 통해 만남의 공간을 마련한 사례가 있다. 2022년 4월 중순, 서울 광화문 아트홀에서 고립 청년 대상 즉흥 치유연극 '나의 이야기 극장'이 열렸다. 6개월에서 길게는 10년 넘게 방에서 갇혀 지낸 '은둔형 외톨이'들과 함께 꾸미는 공연으로, 그 청년들이 객석에 앉아 있다가 손을 들고 무대로 나와 심경을 털어놓으면 즉석에서 배우들이 표현하는 즉흥 연극 형태로 진행되었다. 이를 통해 오랫동안 가슴에 묻혀 있던 이야기들이 예술의 언어로 형상화되었다. 다른 워크숍에서는 당사자가 직접 연극의 주인공으로 나서기도 했는데, 참가자 한 명은 "왕따 연기를 할 때마다 자괴감이 들고, 스트레스를 많이 받았고, 과거 기억이 떠올라 악몽을 꾸기도 했으나 과거와 직면하고, 많은 분이 알아줬으면 하는 마음에서 끝까지 해낼 수 있었다"며 "진심으로 카타르시스가 느껴졌다"라고 고백했다. 또 다른 참가자는 이 세상엔 자신과 같은 처지의 청년들이 많고, 도와주려고 손 내미는 이들도 있음을 깨닫게 되었다고 말했다.**

이 프로젝트를 기획하고 진행한 '연극공간 해'는 고립 청년들 외에도 소외 계층과 사회적 약자들을 대상으로 꾸준히 작업

---

* 　같은 책. 143쪽.
** 　「고립 청년들, '치유의 연극' 하며 세상 문을 연다」, 『한겨레』 2022. 4. 12.

해왔다. 새터민과 가출쉼터·보호관찰소 등의 청소년, 서울소년원생, 교도소 재소자, 탈성매매 여성, 평택 기지촌 할머니, 노숙자 등이 즉흥 연극의 관객이자 주인공으로 초대받았고, 모두 '이야기 극장' 형식으로 진행되었다.

이야기의 미덕은 무엇인가. 불쾌하고 화나는 경험도 누군가에게 에피소드로 들려주면, 감정을 내려놓고 상황을 객관화하면서 자아를 성찰할 수 있다. 밤에 '이불 킥'을 하느라 잠 못 이룰 만큼 부끄러웠던 기억도 친구와 만나 수다를 떨다 보면, '유체 이탈' 화법을 구사하면서 즐거운 해프닝으로 웃어넘길 수 있다. 자신의 이야기를 풀어내고 거기에 귀 기울여주는 사람이 있을 때, 우리는 좀더 너그러운 마음으로 힘든 현실을 견딜 수 있는 것이다. 그러한 안전 기지 또는 전환 장치가 없기 때문에 많은 사람들이 온라인에서 극단적인 언사로 분노를 배설하게 된다. 그런 지경으로 내몰리지 않기 위해서는, 가까이 있는 사람들과 친밀한 관계를 맺고 정서적 안식처를 마련해야 한다.

자신의 이야기가 온전하게 경청되는 공간은 무너진 삶을 수습하고 자아를 회복하는 길을 열어준다. 주어진 사건이나 상황에서 한걸음 물러나 멀리서 조망할 수 있는 시선, 내면의 괴로움을 표현하고 승화함으로써 부정적 에너지를 다룰 수 있는 정서의 힘, 그리고 경험을 다르게 해석할 수 있는 인지적 틀을 제공해주기 때문이다. 그런 의미화 과정을 통해 우리는 희망을 회복할 수 있다. 실존주의 철학자 롤로 메이는 우울증을 '미래를 구성하는 능력의 상실'이라고 정의했는데, 다른 존재와 더 나은 세계의 가능성을 탐색할 때 우리는 암울한 터널에서 빠져나올 수 있다.

각자도생의 시대로 치달아온 세상, 코로나19로 더욱 고립되고 분절된 마음을 추스르고 '사회'를 복원하는 작업이 시급하다. 어디에서 실마리를 찾을 수 있을까. 다행히 우리 안에는 타인과 공명하면서 행복감을 느끼는 유전자가 살아 있다. 에고의 비좁은 울타리를 넘어, 다른 사람의 입장이 되어 생각하고 느끼는 체험을 통해 마음은 고양된다. 사회적 감각은 인간이라는 종을 하나로 묶으면서 서로의 존엄을 일깨워준다. 그러한 자각 속에서 파편화된 '점'들이 '선'으로 이어지고, 그것은 다시 '면'으로 확장될 수 있다.

2

사람과
사람 사이

관계가 면역력이다

의료 서비스는 예방할 수 있는 조기 사망의 약 10~15퍼센트 밖에 막지 못한다. 결국 우리는 우리가 사는 동네를 자세히 살펴봐야 한다. 미국에서는 한 사람의 우편번호가 그의 유전자 암호보다 건강을 더 잘 예측하는 요인이다. 우편번호 사이의 거리는 얼마 안 되지만 당뇨, 합병증, 뇌졸중, 심장병으로 인한 사망, 유방암, 미숙아 등 다양한 건강지표에서는 엄청난 차이를 보인다.

—— 켈리 하딩, 『다정함의 과학』에서*

---

* 켈리 하딩, 『다정함의 과학』, 171쪽.

현대 의학은 하루가 다르게 혁신을 거듭하고 있지만, 난치병의 영역에 남아 있는 질환은 아직도 엄청나다. 원인 규명조차 어려운 경우가 적지 않은데, 세상이 점점 복잡해짐에 따라 건강에 영향을 미치는 변수들도 늘어나기 때문이다. 그 변수들 가운데 사회적 차원에 주목하는 분야가 있다. 인구 집단의 건강 상태 분포가 어떤 요인들에 의해 결정되는가를 분석하는 '사회 역학social epidemiology'이 그것이다. 사회적 지위, 소득 불평등, 인종 및 소수자 차별, 노동환경, 고용정책, 가족 관계, 사회적 연결망, 사회적 자본 등 사회적 변수들이 건강에 어떤 영향을 주는가가 연구 과제다. 이 가운데 사회적 연결망 분석은 개인이 어떤 사람들과 네트워크를 맺고 있으며, 거기에서 무엇을 경험하는지를 살펴본다. 구체적 내용으로는 사회적 지지, 사회적 참여, 대면 접촉, 자원 및 재화 접근성, 부정적인 상호작용(비난, 고립, 트라우마, 갈등과 학대 등) 등을 다룬다.[*]

지금은 인간관계가 건강에 영향을 끼친다는 것이 당연하게 여겨지지만, 의학에서는 1960년대 이후 그런 관점이 등장했다. 산업화와 도시화가 진행되면서 생활환경이 중요한 변수로 대두되고, 위생과 예방 등에 초점을 맞추는 공중보건학이 발달하면서 사회적 차원으로 시야가 확장되어온 것이다. 연구자들은 광범위한 인구를 대상으로 여러 지표를 추출하여 대조하고,

---

[*]   리사 버크먼 외.『사회 역학』. 오주환 옮김. 한울아카데미. 2021. 347쪽.

공통된 성향이나 경험을 갖는 집단을 집중적으로 분석하는 '코호트 연구'를 진행했다. 특정한 병에 잘 걸리는 인구 집단의 특성과 유난히 수명이 긴 지역 등을 집중적으로 파고들고, 그렇게 해서 얻어낸 데이터를 장기적으로 축적하고 종합하면서 건강의 사회적 연관성을 폭넓게 규명했다.

그 가운데 하버드 대학의 니컬러스 A. 크리스타키스 박사가 2007년에 발표한 논문이 유명하다. 그는 보스턴 대학에서 프레이밍햄 지역의 주민 5,000명 이상을 대상으로, 1950년대부터 반세기 넘게 정기적인 인터뷰와 신체검사를 진행해온 자료를 토대로 비만과 사회적 네트워크의 관련성을 추적했다. 거기에서 중요한 결론이 도출되었는데, 비만은 전염성이 강하다는 것이다. 예를 들어 '당신의 친구'가 비만이면, 앞으로 2~4년간 당신이 뚱뚱해질 가능성이 45퍼센트 높아진다. '당신의 친구의 친구의 친구'가 비만이면, 당신이 뚱뚱해질 확률은 10퍼센트 더 높다. 흡연도 비슷한데, '당신의 친구'가 담배를 피우면 당신이 흡연자가 될 가능성은 61퍼센트 더 높고, '당신의 친구의 친구'가 담배를 피우면 그 확률이 29퍼센트 더 높다. 그런 상관성은 정신 건강에도 적용된다. 행복한 친구와 연결되어 있으면 당신이 행복해질 확률은 15퍼센트가량 더 높아지고, 친구의 친구가 행복하면 10퍼센트 더 높아진다.*

---

*   데이비즈 버커스, 『친구의 친구』, 장진원 옮김, 한국경제신문, 2019, 322~326쪽.

그 논문은 방대한 자료를 토대로 이뤄진 연구지만, 분석의 대상과 방법론에서 몇 가지 비판이 제기되었다.* 하지만 여러 비판에도 불구하고, 건강에 대한 획기적인 관점 전환을 이루어 냈다고 평가받는다. 내가 직접 아는 사람이 아니라 몇 다리 건너 연결된 사람이라고 해도, 그의 생활 방식이 나의 몸과 마음에 영향을 주고 나 또한 그에게 영향을 준다는 것을 밝혀냈기 때문이다. 어느 정도인가 하면, 가까운 친구들은 10촌과 유전적으로 동등하게 나타난다고 한다. 왜 그럴까. 우리가 자주 접하는 사람들의 행동을 무의식적으로 따라 하는 경향이 있고, 자기와 비슷한 성향이나 취미를 가진 사람들과 자주 어울리기 때문이다. '우편번호가 그의 유전자 암호보다 건강을 더 잘 예측하는 요인'이라는 말을 뒷받침해주는 대목이다.

병에 걸렸을 때 겪는 고통의 정도나 회복 속도에도 사회적 변수가 크게 작용한다. 똑같이 암이나 자가면역질환에 걸린다 해도, 주변 사람들이 지지하고 격려해주면 증상이 적게 나타나고 삶의 질도 높아진다. 합창 혹은 자원봉사 같은 공동체 활동에 열심히 참여할수록 심폐 기능이 향상된다는 연구 결과도 있다. 종교 생활도 건강에 많은 도움이 된다. 신앙 자체가 마음을

---

*   김승섭 교수는 그 연구에서 실제로 분석된 사회적 관계망이 대부분 본인이 '선택'할 수 없는 일촌 관계였다는 점, 그리고 비만 등에 영향을 줄 수 있는 지역사회 수준의 요인들을 충분히 고려하지 않고 개개인을 사회적 관계망 속에서 독립적인 존재로 인식하고 분석했다는 점을 지적한다(김승섭,『아픔이 길이 되려면』, 동아시아, 2017, 265~266쪽).

안정시켜주기도 하지만, 정기적으로 예배나 모임에 참석하여 신도들과 교류하는 것이 더 큰 영향을 준다고 한다. 우리는 다른 사람들과 연결되어 일체감을 느낄 때 생명의 힘이 배가된다.

그것을 입증하는 흥미로운 실험이 있다. 오랫동안 인간관계를 연구해온 진화심리학자 로빈 던바는 수십 명의 자원자에게 비디오를 보여주며 디스코형의 네 가지 기본 춤동작을 배우게 했다. 그는 자원자들을 그룹으로 나눠 춤을 추도록 했는데, 어떤 그룹에게는 같은 음악을 듣고 정확하게 같은 동작으로 동시에 춤을 추라고 지시하고, 다른 그룹에게는 각각의 멜로디에 맞춰 모두 다르게 몸을 흔들라고 했다. 디스코가 끝난 후, 팔에 혈압 측정 장치를 두르고 장치를 팽창시켜 그 압박을 어느 정도까지 견딜 수 있는지를 측정했더니, 동시에 같은 춤을 춘 사람들이 그렇지 않은 사람들보다 훨씬 더 잘 견딜 수 있었다고 한다. 자신이 혼자가 아님을 온몸으로 느낄 때, 자연 진통제인 엔도르핀이 분비되어 통증에 대한 역치를 높여준 것이다.[*]

나는 건강한가? 의료 검진을 통해 확인해볼 수 있다. 그러나 자신이 맺고 있는 인간관계를 살펴보는 것도 한 방법일 수 있다. 그들과 함께 빚어가는 경험 세계가 중요한 지표가 되는 셈이다. 자주 만나는 사람들과 어떤 대화를 나누는가? 거기에

---

[*] 마르타 자라스카. 『건강하게 나이 든다는 것』. 김영선 옮김. 어크로스. 2020. 246~247쪽.

흐르는 감정은 무엇인가? 소통 자체에서 우러나오는 즐거움과 충만함은 의료적 처치 못지않게 건강을 증진시킨다. 면역력의 원천이 되는 생명 에너지도 유쾌한 사회적 활동에 접속할 때 넉넉해진다.

행복경제학에서 사용하는 개념 중 하나로 '관계재relational goods'가 있다. 다른 사람과 관계를 형성할 때 생겨나는 가족애, 우정, 사랑, 동료애 등을 가리키는 말이다. 무형의 재화로서 행복에 결정적 영향을 미치는 관계재는 돈으로는 구매할 수 없고, 시간과 마음을 쏟아야 얻을 수 있다. 그러므로 돈을 버는 데만 전력투구하면 일상이 삭막해질뿐더러 건강도 나빠진다. 적절한 경제력을 확보하면서도 좋은 관계를 유지하는 균형 속에서 우리는 건강해질 수 있다. 이제 감염병을 변수가 아닌 상수로 놓아야 하는 위드 코로나 시대에 관계재는 면역력을 담보하는 소중한 그릇이다.

돌봄의 커뮤니티 가꾸기

사람들이 그들의 최선의 모습이 될 수 있도록 도우라. 그리고 그들이 이미 최선의 모습이 된 것처럼 대하라.

— 괴테

대면 비대면 외면

코로나19의 피해는 광범위했지만, 그 가운데 요양병원의 환자들이 특히 취약했다. 그곳에 장기 입원 중인 노인들의 감염률과 사망률이 높았는데, 대부분 기저 질환을 앓고 있는 데다 폐쇄 공간에 밀집되어 지냈기 때문이다. 게다가 코로나19 기간 동안에는 가족들의 면회도 이뤄지지 않아, 극도의 고립감 속에서 면역력이 더욱 떨어져 중증으로 악화되기 쉬웠다.

코로나19가 지나가도 또 다른 전염병이 찾아올 가능성이 높다. 따라서 노인들이 격리된 공간에서 집단으로 생활하는 것은 바람직하지 않다. 물론 집에서 돌보기 어려운 경우 시설에 의존할 수밖에 없지만, 입소 시기를 최대한 늦추는 것이 필요하다. 그러려면 자립적으로 생활할 수 있는 건강 나이를 늘려야 하고, 그 기반은 바로 마을이 될 것이다. 노인 부양을 가족에게 전적으로 맡기기보다, 개별 가정을 넘어선 차원에서 돌봄의 생태계를 구축해야 한다. 집이나 마을에서 계속 생활하면서 나이 들어가는 '지역사회 계속 거주aging in place'를 구체적으로 고민해야 할 때가 왔다.

노인들이 나이, 수입, 능력 등에 상관없이 지역에서 편안하게 인생의 후반기를 보낼 수 있으려면 의료 및 복지 시스템, 도서관, 문화센터, 공원, 좋은 일거리 등 여러 조건이 갖춰져야 한다. 하지만 무엇보다 중요한 것은, 부담 없이 어울릴 수 있는 친구나 이웃의 존재다. 가족의 수가 줄어들고 있다 보니 집 바깥에서 만나는 지인의 비중은 더욱 커진다. 그런데 현실에서는 관계망이 쉬이 끊기고, 삶에 대한 의욕 상실이나 건강 문제 등으로 집 안에 은둔하는 사람들이 많아졌다.

마을마다 다양한 모임과 활동의 장場이 있기는 하다. 아쉬운 점은, 경제적 여유가 없거나 몸이 불편하거나 학력이 낮은 이들에게는 진입 장벽이 느껴진다는 것이다. 부지불식간에 형성되는 폐쇄성을 극복하는 것도 중요하다. 경로당을 예로 들어보자. 어느 마을에든 마련되어 있는 경로당은 노인들이 가장 접근하기 쉬운 사랑방이지만, 이용자가 점점 줄어들면서 '고령화'되고 있다. 고질적인 '텃세'를 극복하지 못하기 때문이다. 소수 핵심 관계자들끼리 배타적인 운영을 하다 보니 새로운 주민이 합류하기 어렵고, 구태의연한 프로그램을 반복하다 보니 '젊은 노인'들이 가지 않는다.

경로당은 매력적인 공간으로 변신할 수 있을까. 노년층으로 편입되기 시작하는 베이비부머가 가고 싶은 경로당은 어떤 모습일까. 노인들만 머무는 정체된 공간이 아니라 여러 세대가 다 같이 어울리는 역동적인 장소가 되면 좋겠다. 다행히 최근에 '개방형 경로당'이라는 모델이 다양하게 실험되고 있다. 예를 들어 어린이집 아이들이 경로당에 가서 전래 놀이를 배우고 동네 텃밭에 나가 함께 작물을 가꾼다. 고등학생들이 어르신들을 위한 프로그램을 기획하고 운영하는 사례도 있다. 노년의 경륜과 지혜, 젊은이의 열정과 호기심이 시너지를 일으키는 마을을 즐겁게 상상하게 해준다.

노인들이 지역사회에서 오랫동안 지낼 수 있기 위해서는, 경로당이나 주간보호센터 이외에도 공원, 광장, 도서관, 문화센터, 교회, 카페 등 곳곳에서 다양한 만남과 활동이 이뤄져야 한다. 집 바깥으로 행동반경을 넓힘으로써 심신의 활력을 오래 유지할 수 있다. 예를 들어 치매 환자가 집과 보호 시설에만 머물지 않고 안전하게 동네를 돌아다닐 수 있다면 병의 진행 속도를 늦추는 데 큰 도움이 된다. 그런 환경이 제공되지 않을 경우 증세가 악화되기 쉽고, 그만큼 돌봄의 부담도 가중될 수밖에 없다.

일본에서 '주문이 틀릴 수도 있는 식당'이라는 독특한 음식점이 화제가 된 적이 있다. 이 식당에서는 손님의 주문과는 다른 음식이 나올 수 있다. 종업원들이 치매 노인들이기 때문이다. 이용객들은 그들의 인지 장애를 오히려 놀이적인 감각으로 수용하기에 기꺼이 소비자가 되어준다. 치매는 치료제가 없고 진행 속도를 늦추는 것이 유일한 대응책이다. 여기서 중요한 것이 '연결'이다. 지금까지 영위해온 일상을 지속하면서 타인들과 의미 있게 접속할 수 있어야 한다. 경도 치매 노인들이 사회적 관계 속에서 만남과 활동을 유지할 수 있는 모델이 많이 나와야 한다.

노인 이외에도 돌봄의 과제가 점점 늘어나고 있다. 이것 역시 커뮤니티 차원의 접근이 긴요한데, 예를 들어 맞벌이 부부나 한부모 가정에서는 학교에 다니는 자녀의 아침밥을 챙겨주는 일조차 버거울 때가 많다. 경기도 군포시에 있는 산본공업고등학교의 경우, 지역사회가 나섰다. 그 학교는 특성화고등학교라는 이유로 지역에서 백안시되는 분위기였다. 성적이 낮고 저소득층이 많다는 이유로 '문제아 소굴'이라는 편견에 휩싸여 있었고, 주민들과 학교 간 소통은 오직 학생들의 흡연 민원을 넣을 때뿐이었다. 그런데 2017년 지역 단체 관계자들이 중심이 되어 아침밥을 거르고 등교하는 학생들에게 매주 목요일 아침밥을 해주는 봉사가 시작되면서 관계가 바뀌기 시작했다. 450여 명의 학생들 가운데 100여 명이 식사를 했는데, 그러한 환대와 호의가 학생들의 마음과 표정, 행동을 부드럽게 했다. 그리고 학생들이 협동조합 방식으로 운영하는 매점과 카페에 인근 주민들이 드나들면서 자연스럽게 교감이 이뤄지고, 다정한 이웃으로 서로를 바라볼 수 있게 되었다고 한다.[*]

코로나19 기간 동안 온라인 수업을 시행하면서 종일 집에 머무는 자녀를 보살피느라 어려움을 겪은 가정이 많았다. 이웃이 나서서 돌봄의 공백을 메워준 산본공업고등학교의 사례는 학교와 지역이 어떻게 만날 수 있는지에 대해 중요한 시사점을 던져준다. 그 의미는 단순히 끼니를 해결하는 데서 머물지 않는다. 식사를 매개로 맺어지는 새로운 관계는 학생들에게, 그리고 어른들에게도 뿌듯한 선물이 된다. 길거리에서 인사를 나눌 수 있는 상대가 늘어난다면 그 작은 기쁨으로 하루가 충만해질 수

---

[*] 「편견을 빼면, 꿈이 살쪄요」, 『경향신문』 2017. 11. 24.

있다. 그리고 지역사회는 더욱 안전해진다.

고립되어 살아가는 사람들을 연결하는 작업은 이제 공중 보건과 방역의 의제로 대두된다. 이웃이 즐겁게 대면할 수 있는 환대의 공간, 소박한 마음들이 접속하여 풍요로운 일상을 빚어 내는 플랫폼이 건실할 때, 면역 취약 계층도 줄어들 수 있다. 가정보다 넓고 도시보다는 좁은 범위에서 의미 있는 사회적 만남이 이뤄져야 한다. 적정 규모의 지속 가능한 관계망이 곳곳에서 자라나야 한다.

곁에 있기, 거리를 두면서

고립과 외로움을 극복하려면 사람들 사이의 연결이 중요하지만, 관계 맺기에는 적절한 경계 또한 지켜져야 한다. '좋은 담장이 좋은 이웃을 만든다'라는 말이 있다. 일정한 경계와 거리를 유지하지 못하면 관계에 탈이 나기 쉽다. 지나친 친밀감이 집착으로 변질되어 과도한 요구를 하게 되고, 그것이 충족되지 않을 때 섭섭함과 원망을 품게 된다. 자기와 다른 상대방의 고유한 영역(생각, 취향, 감정, 욕구 등)과 자율성을 간과하면서, 일방적인 지배 또는 과도한 의존으로 흐를 수도 있다. 저마다의 내밀한 세계를 침해하지 않는 정도의 선線을 지킬 때, 무리하지 않으면서 서로 의지하고 신세도 질 수 있다.

경계는 각자 온전히 존재할 수 있게 해주는 울타리다. 나를 보호하면서 너를 지켜주는 방어막이다. 자기다움을 잃지 않을 수 있는 한계가 명료하게 의식되고 존중되어야, 대등한 교류가 가능하고 건강한 정체성과 자존감이 유지된다. 그러려면 자아의 밀실에 갇히지 않고 주책없이 상대방에게 휘둘리지 않도록 균형 감각과 유연성을 갖춰야 한다. 공감이라는 것도 어느 정도의 거리를 두면서 이뤄지는 정서적 지지다. 감정이입도 마찬가지다. 심리학자 하이코 에른스트는 이렇게 말한다.

참된 감정이입은 모든 것을 공감하면서도 한편으로는 일정한 거리두기를 요한다. 〔……〕 공감이란 단순히 '함께 느꼈기' 때문에 분노하거나 기뻐하는 것이 아니라, 대화를 통해 배울 점을 찾고 배운 것을 적용해서 행동하는 것을 뜻한다. 잘 공감하는 것이 끝이 아니라는 얘기다. 공감을 통해 우리는 지식의 레퍼토리와 행동의 스펙트럼을 넓힐 수 있으며, 세계와 사람에 대한 이해도 깊어진다. 그렇게 되면 당연히 문제를 풀고 위기를 극복하며 더 깊은 원인을 포착하는 것이 모두 쉬워진다. 그래서 감정이입은 '사회적인 좋은 삶'을 여는 가장 큰 열쇠다.[*]

---

[*] 하이코 에른스트. 『왜 나는 행복하지 못한가?』. 김시형 옮김. 열대림. 2009. 187~188쪽.

대면 비대면 외면

타인의 곁에 있으면서도 거리두기가 필요하다. 최악은, 곁에 있지 않으면서 아무 때나 내키는 대로 선을 넘어 훅 들어오는 것이다. 상대방에게 애정도 없으면서 함부로 조언하고, 쓸데없는 질문으로 기분을 상하게 하며, 제멋대로 평가하는 행태다.

인간에 대한 예의는 신중함에서 비롯된다. 서로에게 손을 내밀되 일정한 간격을 유지해야 관계가 지속 가능하다. '사이좋게' 지내려면, '사이'가 있어야 하는 것이다. 적절한 넓이의 사이가 확보되면, 상대방을 통해 자기의 마음을 더욱 명료하게 비추어볼 수 있다. 마치 어떤 사람이 들고 있는 거울에 자신의 모습을 비춰보려면, 약간의 거리를 두고 서 있어야 하는 것과 같은 원리다. 서로를 아끼면서도 각자의 개별성과 고유한 영역에 유념해야 한다. 그렇게 형성되는 안전한 경청의 공간에서 우리는 저마다의 이야기를 내놓을 수 있다.

적절한 거리를 두면, 또 한 가지 좋은 점이 있다. 타인의 말이나 행동에 신경을 곤두세우지 않을 수 있다. 웬만한 일들에 대해서는 그러려니 하면서 무심코 넘겨버릴 수 있는 여유가 생기는 것이다. 다른 사람들을 섬세하게 헤아리는 것은 미덕이지만, 그들의 모든 언행에 민감하게 반응하면 서로 피곤해진다. 섬세함과 예민함의 차이는 무엇인가. 나의 오랜 친구이자 스승인 조영훈 교육센터 〈빛·숨〉 센터장이 명료하게 구분해주었다. 전자가 상대방의 존재에 마음이 닿아 있는 것이라면, 후자는 자신의 에고에 매몰되어 있는 것이다. 다시 말해 섬세함은 자연스럽게 서로의 내면에 귀 기울이면서 기쁨과 슬픔, 평온함과 고통을 기꺼이 나누는 감수성이다. 그에 비해 예민함은 자신을 보호하고 지키려는 생존 본능으로, 주변 사람들에게 부담을 주면서 결국 고립을 자처하게 된다. 이러한 차이를 염두에 두면서 관계를 조율할 필요가 있다. 타인을 충분히 배려하되, 나에게 불편한 감정을 일으키는 사람들에 대해서는 적절한 거리를 두거나 관계를 정리해야 한다. 상대방의 속 깊은 이야기나 나를 위한 진심 어린 조언에는 귀를 쫑긋 세워야 하지만, 별생각 없이 툭툭 던지는 말들은 한 귀로 듣고 한 귀로 흘려보내야 한다.

"지혜란 무엇을 간과해야 하는지를 아는 기술이다." 심리학자 윌리엄 제임스의 말이다. 『둔감력 수업』*이라는 책의 제목처럼, 둔감해지는 것도 능력이 될 때가 있다. 핵심은 분별력이다. 지나쳐버려야 할 것들을 붙잡고 있지 않은가. 멈춰서 짚어보아야 할 일들을 놓치고 있지 않은가. 무시해도 되는 사람의 얼굴을 계속 바라보고 있지 않은가. 마음을 써야 할 사람에게 무심하지 않은가. 피상적 판단을 거두어내자. 상투적 감정을 내려놓자. 속물적 통념에 삐딱선을 그으면서 틈새를 만들어보자. 그 자유로운 공간에서 너와 나의 진면목을 대면할 수 있을 것이다.

---

*　우에니시 아키라. 『둔감력 수업』. 정세영 옮김. 다산북스. 2019.

3

만남과 창조의
공적 행복감

소셜 믹스를 위하여

"나는 그 사람을 좋아하지 않는다. 그러니 그 사람에 대해 좀
더 많이 알아야겠다."

─링컨

 생물학적 진실이 인문학이나 사회과학에 심오한 메시지를
던져주는 경우가 있다. 면역의 원리도 그 가운데 하나다. 면역
은 병균이나 바이러스의 침투를 막아내는 시스템이다. 말하자
면 '나'를 '나 아닌 것'으로부터 지켜내는 것인데, 그 둘 사이의
경계는 생각만큼 뚜렷하지 않다. 우리 몸 안에 서식하는 엄청난
미생물들이 일정한 균형을 유지하면서 면역을 구성해주기 때
문이다. 장내 세균만 해도 100조~200조 개나 되고, 그 가운데

10퍼센트가량은 유해균이어야 건강을 담보할 수 있다고 한다. 박테리아는 명백하게 '나 아닌 것'이지만 '동맹군'으로서 면역의 핵심적 기능을 담당하고, 해로운 세균조차 일정 비율 존재해야만 면역 시스템이 지탱되는 것이다.

이런 생물학적 역설은 사회적으로도 적용될 수 있지 않을까. '나'(또는 우리)는 '나 아닌 것'(또는 우리가 아닌 것)과 구별되는 정체성을 추구하지만, 이질성을 배제하면서 동질성만을 추구하면 위험한 상황이 초래된다. '나 아닌 것'을 받아들여야 온전한 삶을 유지할 수 있다. '나'는 '나 아닌 것'에 의해서 성립되는 것이다. 자기 안의 타자성을 수용할 때, 우리는 스스로에게서 드러나는 여러 모순을 편안하게 긍정하게 된다. 그리고 자기와 다르다고 여겨지는 사람들에 대해서도 너그러워질 수 있다. 그 결과 사회적으로 다양성이 증진되면서, 개인적으로도 인생이 풍요로워진다.

그러한 이치는 생태학에서도 확인된다. 생태계를 움직이는 원리 가운데 하나로 '가장자리 효과edge effect'가 있다. 땅과 바다, 숲과 평원처럼 둘 이상의 생물군의 서식지가 맞붙어 있는 경우, 그 경계를 이루는 지역에 종種 다양성과 밀도가 높아지는 것을 가리킨다. 각각의 서식지에 깃들어 있는 생태적 자원들이 뒤섞이면서 풍부한 환경이 만들어지기 때문이다. 따라서 어떤 공간에 작은 서식지들 여러 개가 공존하고 있다면, 경계가 그만큼 늘어나고 가장자리 효과도 더 뚜렷하게 나타나게 된다.

이런 현상은 인간 사회에서도 발견되는데, '창의성은 경계에서 발생한다'는 원리가 그러하다. 역사적으로 탁월한 발명이나 발견을 해낸 사람들을 살펴보면, 여러 분야를 넘나들면서 이종 간의 결합을 시도했다는 공통점이 드러난다. 얼핏 전혀 관계없어 보이는 영역들을 가로지르며 융합적 작업을 수행한 이들이 많은 것이다. 다른 한편, 성장 과정에서 여러 문화를 경험하는 환경도 창의성을 자극하는 중요한 요소가 된다. 과학사학자 홍성욱 교수에 따르면 아인슈타인, 프로이트, 마르크스 등 세상을 바꾼 천재들은 대부분 이방인으로 오래 살았다. 또한 암스테르담, 홍콩, 런던처럼 지리적으로 서로 다른 문화가 교차하는 경계 도시에 살았던 사람들이 남다른 성과를 많이 냈다.*

과학자나 예술가에게만 해당하는 이야기가 아니리라. 풍성한 사회를 만들기 위해서는 다양한 사람이 어우러져야 한다. 부자와 빈자, 노인과 젊은이, 장애인과 비장애인, 자국인과 외국인 등 이질적인 범주의 사회 구성원들이 마주치고 교류하는 기회가 늘어나야 한다. 특별한 축제의 장을 마련하는 이벤트도 좋지만, 자연스럽게 섞이는 공유 공간이 더 중요하다. 광장이나 문화회관에서 이뤄지는 여러 활동을 통해 일상의 공통분모를 다채롭게 확장할 수 있을 것이다. 그러한 '소셜 믹스'는 점점 심각해지는 적대와 혐오의 집단 정서를 극복하는 데도 도움이 된다. 편

---

* 　홍성욱.「과학적 창의성, 어떻게 키울까」.『사이언스타임즈』2003. 11.

견과 차별은 직접적 접촉을 통해 효과적으로 줄어들 수 있다.*

제2차 세계대전 당시 히틀러 통치하에서 홀로코스트가 광범위하게 자행될 때, 유대인 구출에 나서거나 도망친 유대인에게 은신처를 제공하고 보호해준 유럽의 여러 나라 민간인들이 수천 명에 이른다고 한다. 영화 「쉰들러 리스트」(스티븐 스필버그 감독)의 주인공처럼, 유대인이 아닌데도 생명의 위험을 무릅쓰고 '이방인'을 살리는 일에 뛰어든 것이다. 그 영웅적 시민들의 공통점은 무엇이었을까? 국적, 지역, 학력, 직업, 나이, 소득, 종교…… 그 어느 것에서도 공통점을 찾을 수 없었다. 다만 오직 한 가지, 전쟁 전에 유대인과 이웃이나 직장 동료로 관계를 맺은 경험이 있다는 점뿐이었다. 상대방을 민족이라는 관념에 가두는 대신 자신과 똑같은 인격체로서 만남을 가졌고, 거기에서 자연스럽게 싹튼 인지상정이 백척간두의 상황에서 위대한 인류애로 드러난 것이다.

한국 사회에서도 그것을 뒷받침하는 사례가 있다. 2018년 예멘 난민들이 제주도에 들어왔을 때, 그들을 잠재적 범죄 집단으로 여겨 수용을 반대하는 여론이 들끓었었다. 당시 여론조사를 살펴보니, 젊은 층보다 50대의 생산·서비스직 종사자들이 개

---

* 편견에 대해 고전적인 연구를 한 고든 올포트에 따르면, 집단 간의 접촉이 편견을 줄일 수 있으려면 네 가지 조건이 필요하다. (1) 양자가 대등한 지위에 있는 것, (2) 집단 사이의 관계가 협력적인 것, (3) 공통의 목표를 갖는 것, (4) 권위에 의해 지지되는 것이 그것이다(고든 올포트, 『편견—사회심리학으로 본 편견의 뿌리』. 석기용 옮김. 교양인. 2020).

방적인 태도를 보였다. 이런 결과에 대해 조사 분석 담당자는 그들이 평소 외국인 노동자를 접할 기회가 많아서 선입견이 적은 것으로 해석했다.* 사람을 만나지 않고 골방에 갇혀 온라인에 몰두할수록 편견이 두터워진다. 밀실과 광장을 잇는 통로와 플랫폼이 넓어져야 한다. 그런 균형 속에서 인간관계의 리듬이 생겨난다.

예멘 난민에 대한 반감이 극심했을 때, 그 간극을 메우기 위한 작은 행사가 2018년 8월 제주도의 어느 카페에서 열린 적이 있다. 제주도민과 예멘 난민 50명이 직접 대면하여 서로의 얼굴을 그리고 대화를 나누는 '제주 컬러풀 워크숍'이었다. 한 시간에 걸쳐 서로의 얼굴을 자세히 살펴보며 목탄으로 그림을 그리는 행사로, 말은 안 통해도 그림이라는 공통의 언어로 소통하는 자리였다. 행사를 기획한 미술가 최소연 씨는 공지글에 "우리는 예멘과 한국에서 동시에 길을 잃었다. 함부로 서로를 판단하지 않고, 서로를 바라보고 기록하기 위한 작업장을 시작한다. 같은 시간과 공간을 공유하며 그림 그리고 글을 쓰는 워크숍에 초대한다"라고 썼다.** 참가자들은 그동안 미디어를 통해서만 예멘 난민을 접하며 갖게 된 막연한 두려움과 거부감을 내려놓고, 자신과 별로 다르지 않은 사람들임을 느끼게 되었다

---

* 「난민에 가장 포용적인 '블루칼라·50대·진보 성향'」, 『한겨레』 2018. 8. 28.

** 「다름을 그리고 서로를 알아갑니다」, 『한겨레21』 2018. 8. 13.

고 말했다.

혐오는 그 대상이 되는 타인이나 집단을 자기와 같은 인간으로 바라보지 못하기 때문에 발생한다. 피상적인 차이를 절대시하면서 상대방을 이질화하고, 업신여겨 비하하면서 우월함을 확인하려는 심성이 거기에 깔려 있다. 따라서 그러한 경계를 상대화하는 한편, 같은 인간으로서 접촉하고 더 나아가 삶을 나누는 기회가 주어져야 한다. 예술 활동이나 자원봉사를 펼치면서, 또는 공동의 과제를 해결해나가면서 서로를 새롭게 발견할 수 있기 때문이다. 더 넓고 높은 차원의 비전을 공유할 때, 낯선 사람들에 대한 막연한 경계심은 자연스럽게 극복될 수 있다.

낯선 사람들이 어울리면

편견과 혐오의 극복은 공공 세계의 건실한 확장과 맞물려 있다. 사적인 영역을 넘어 정체성을 공유하고 시민적 덕성을 배워나갈 때, 우리는 서로의 자유와 존엄을 지키면서 함께 누릴 수 있다. 거기에서 영위되는 공적인 삶은 한편으로 민주주의 정치를 지탱하고, 다른 한편으론 개인의 소박한 일상을 지켜준다. 교육사상가 파커 J. 파머는 바람직한 공공 세계의 모습을 다음과 같이 요약한다.

낯선 사람들이 공통의 기반 위에서 만난다. 낯선 사람에 대한 두려움이 줄어든다. 색깔, 결, 세련미, 드라마, 유머 등이 삶에 깃든다. 사람들이 자기 자신 바깥으로 끌려나온다. 차이들이 토론된다. 갈등이 타협될 수 있다. 필요가 분명하게 드러나고, 서로 돕는 것이 가능해진다. 생각과 자원들이 공유되고 생성될 수 있다. 사람들이 권력에 맞서 힘을 얻고 보호받는다.*

의무감으로 참여하는 모임이나 관성적으로 맺어온 친분에 덜 얽매이고, 각자 자유롭게 관계를 빚어가는 과정에서 의외의 알음알이들이 생겨날 수 있다. 거기에 결부되는 개념으로 '낯선 사람 효과'가 있는데, 잘 모르는 타인이 오히려 삶을 풍요롭게 해준다는 것이다. 예를 들어 사업을 시작하거나 직장을 옮기려고 할 때, 가까운 이들보다 거리가 먼 사람들에게서 조언을 얻는 편이 성공 확률이 높다고 한다. 친숙한 사람들끼리는 경험과 정보와 관점이 비슷해서 놓치기 쉬운 맹점들을, 낯선 사람들이 짚어주기 때문이다.

낯선 사람 효과는 조직 안에서도 확인된다. 실리콘밸리의 연구자들은 식사 시간이나 휴식 시간에 전공이나 직무의 경계를 넘어 관계를 맺게 되는데, 소소한 대화 중에 참신한 발상이

---

* 파커 J. 파머. 『비통한 자들을 위한 정치학』. 김찬호 옮김. 글항아리. 2012. 169~170쪽.

나 문제 해결의 실마리가 떠오르는 경우가 많다고 한다. 그와 비슷하게 스티브 잡스도 픽사의 본사를 설계할 때, 건물 중앙에 '만남의 광장'을 조성하여 개발자, 예술가, 시나리오 작가 등 여러 분야의 직원들이 수시로 대면할 수 있도록 했다. 그 공간에는 회의실, 카페, 편의점, 화장실 등 편의 시설이 갖춰져 있어서 잠깐 휴식을 취하거나 용무를 보기 위해 그곳에 들렀다가 서로 얼굴을 마주치게 된다. 구글의 경우에도 회사 건물 복도의 폭을 일부러 좁게 만들어 직원들이 '밀접'할 수 있게끔 했다. 어떤 목적을 위해 기획되지 않은 여백에서 우연한 만남이 연출되고, 의외의 화학 반응이 일어나기를 기대하는 것이다.

그런 시너지 효과는 개별 기업의 경계를 넘어 나타나기도 한다. 캐나다의 도시경제학자 리처드 플로리다는 창조성이 발흥하는 도시의 모델을 기술technology, 인재talent, 관용tolerance으로 설명하는데, 이 가운데 관용은 어떤 장소가 기술과 인재를 동원하고 유인할 수 있게 만드는 핵심 요소라고 한다. 그에 따르면 이민자, 예술가, 동성애자 그리고 인종적 통합에 개방적인 곳일수록 기술과 인재를 성공적으로 활용한다. 문화적으로 개방적인 장소는 사람들이 자기 자신이 되게 하고 서로 다른 정체성을 인정하도록 함으로써, 각계각층의 사람들로부터 나오는 창조적 에너지를 이끌어내기 때문이다.[*]

---

[*]   리처드 플로리다. 『도시와 창조 계급』. 이원호·이종호·서민철 옮김. 푸른길.

개방적인 도시는 직장인들이 회사의 경계를 넘어 만남을 가질 수 있는 기회도 열어준다. 공유 사무실share office이 새로운 트렌드로 진화한 코워킹 스페이스가 한 가지 전형이다. 서로 다른 기업에 소속된 사람들이 하나의 공간을 함께 사용하는 코워킹 스페이스는, 그 안에 교류를 위한 장場을 마련하여 사무실 기능과 사교hospitality 기능을 융합시킨다. 리처드 플로리다 교수에 따르면, 그러한 경향은 미래의 도시가 사회적인 상호관계와 연결을 도모하는 장소가 될 것임을 암시한다. 그는 미국 오클라호마 주의 털사 시가 다른 도시에 사는 재택근무자들을 대거 유치한 사례를 언급하면서, 그 비결이 '지역 커뮤니티의 일원으로서 새로운 삶을 시작하자'라고 홍보하고, 실제로 직원들이 이주자들과 함께 마을 만들기에 나선 데 있다는 점을 강조한다.*

이렇듯 경계를 넘어선 교류는 업무 외의 영역에서도 탁월하게 이뤄질 수 있다. 어느 병원에서는 임직원 누구나 참여할 수 있는 합창단을 운영하여 중역과 외과의사, 배관공이 함께 노래를 연습하고 공연을 준비한다. 이를 통해 일상적 업무 환경에서는 거의 대면할 일이 없던 이들이 동등한 단원으로 만나 서로 친숙해지면서, 상대방에 대해 막연하게 갖고 있던 생각들이 차

2008. 18쪽. 그의 다른 책『창조적 변화를 주도하는 사람들』(이길태 옮김, 전자신문사, 2002)에는 그것을 뒷받침하는 여러 도시의 사례 연구가 소개되어 있다.

* リチャード・フロリダ,「未来の都市は「第三の場所」を求める」, 大野和基 編,『コロナ後の未来』, 文春新書, 2022, 136~138쪽.

츰 허물어진다고 한다. 예를 들어 고위직 멤버는 말단 직원들이 얼마나 고생하는지 구체적으로 알게 되고, 일반 사원들은 상급 관리자가 어떤 압박과 책임감에 시달리는지를 이해하게 되는 것이다.*

그러한 공동 체험은 소통과 조직문화에 유익한 자양분이 된다. 그와 함께 주어지는 보너스는 일하는 보람, 살아가는 즐거움이다. 광장에서만이 아니라 직장에서도 우리는 공적인 행복감을 누릴 수 있다. 출신이나 소속 집단에 얽매이지 않고 다양한 인연을 맺을 수 있는 사회가 건강하다. 친숙한 사람들끼리의 끈끈한 연대가 아니라, 잘 모르는 사람들의 느슨한 연대로 나아가면서 세상은 더욱 다채로워지기 때문이다. 그렇게 낯선 사람들이 편안하게 어울리는 자리가 넓어지면, 삶의 격조가 높아지고 기업이나 도시의 매력도 올라갈 것이다.

애매함을 견디는 마음

대면의 만남이 줄어들면서 소통의 해상도解像度가 떨어지는 것은 정치의 영역에서도 예외가 아닌 듯하다. 재레드 다이아몬드 교수는 2000년대에 접어들어 미국 연방의회가 정치적 타

---

* 　로먼 크르즈나릭. 『공감하는 능력』. 김병화 옮김. 더퀘스트. 2014. 161~162쪽.

협을 이뤄내는 역량이 감퇴하기 시작했다면서, 그 원인 가운데 하나로 미디어와 교통수단을 지목했다. 인터넷과 문자메시지의 확산으로 대면 커뮤니케이션이 줄어들고, 항공 교통의 발달로 의원들이 주말이면 지역구로 돌아가기 때문에 과거처럼 워싱턴에 머물며 당파를 초월해 인간적으로 교제하고 상대를 알아가는 시간이 부족해졌다는 것이다.* 물론 대면하면서도 '얼굴을 붉히며' 날카롭게 대립하는 경우가 적지 않다. 그렇긴 해도 역시 직접 만났을 때 상호 이해와 합의에 이르기가 쉽다.

독일의 주간지 『디 차이트』의 편집장 바스티안 베르브너가 쓴 『혐오 없는 삶』은 그 점을 설득력 있게 보여준다. 그는 대면을 통해 편견을 극복한 사례들을 찾아서 이 책을 썼는데, '어떤 사람을 진짜 알게 되면, 더 이상 그를 증오하지 못한다'는 명제를 입증하기 위해서였다. 예를 들어 난민에 대해 적대감을 갖고 있던 어느 독일 부부는 위층에 입주한 세르비아 출신의 난민 가족이 힘겹게 살아가는 모습을 접하면서 다정한 이웃이 되었다. 정치적으로 뜨거운 쟁점에 대한 입장이 바뀐 사례도 있다. 2013년 아일랜드에서 진행된 시민의회에서는 동성애 반대론자가 동성애자와 마주 앉아 긴 시간 대화를 나눈 후에, 상대방 또한 자기처럼 평범한 시민임을 깨닫고 동성 부부 합법화에 찬성

---

* 재레드 다이아몬드. 『재레드 다이아몬드의 나와 세계』. 강주헌 옮김. 김영사. 2016. 121쪽.

표를 던졌다. 접촉을 통해서 생각과 태도가 달라진 것인데, 여기서 중요한 점은 만남의 방식이다. 저자 베르브너는 이렇게 말한다. "가끔 접촉은 역효과를 낳는다. 개별 인간이 아닌 집단으로 만날 때, 개인이 아닌 부족들이 만날 때 그렇다. 부족적 사고는 공감의 타고난 적이다."*

베르브너가 일하는 『디 차이트』는 그러한 경험을 토대로 2017년 '독일이 말한다' 프로젝트를 출범시켰다. 온라인상에서 극단화되는 정치적 대립과 소수자에 대한 편견 등을 극복하고자 기획한 행사인데, 사회적으로 민감한 사안들에 대해 정반대 입장에 서 있는 사람들끼리 짝을 지어 의견을 주고받는 형식이다. 참가자들은 '경청한다, 경험을 바탕으로 말한다, 상대를 존중한다'는 원칙을 함께 읽고, 가벼운 이야기부터 출발해 토론에 들어간다. 두 시간 정도 대화를 끝내고 나면 참가자의 절반 이상이 색안경을 끼고 보았던 상대가 평범한 이웃임을 깨닫고, 전체의 20퍼센트 정도는 상대방의 말에도 몇 가지 설득력이 있음을 인정하면서 자신의 견해를 수정하게 된다고 한다. 극단적인

---

* 바스티안 베르브너. 『혐오 없는 삶』. 이승희 옮김. 판미동. 2021. 240쪽. 그런데 엄밀히 말하자면, 공감이 오히려 부족적 사고를 부추기는 경우도 많다. 자기편이라고 여겨지는 사람들에 대해서만 공감하면서 상대편에 대해서는 적개심을 강화하는 경우다. 내집단에 대한 배타적이고 편향적인 공감은 외집단에 대한 잔인함으로 이어지기 일쑤다. 예일대 심리학과 폴 블룸 교수는 그런 점에서 공감의 부족이 아니라 과잉이 문제가 될 때가 많다고 지적한다. 그의 저서 『공감의 배신』 (이은진 옮김. 시공사. 2019)은 그러한 공감의 양면을 상세하게 다루고 있다.

대면 비대면 외면

생각을 누그러뜨리고 공통분모를 찾아가는 이 대화 마당에는 매년 2~3만 명이 참여하고, 유럽의 여러 나라와 미국에서도 '유럽이 말한다' '미국이 말한다'라는 이름으로 대면 토론이 열리고 있다.*

　도저히 상종할 수 없다고 여기던 사람들인데, 막상 얼굴을 맞대고 대화하면 이해의 틈새가 열리는 까닭은 무엇일까. 대면 상황에서는 글이 아닌 말로 생각을 나누기에 표정이나 몸짓 등의 신호를 감지하면서 섬세하게 소통할 수 있다. 그리고 서로를 몸으로 만나게 되면 그 '존재'의 엄연함을 마주하게 되고, 상대방을 어떤 틀이나 범주로 섣불리 재단하기 어려워진다. 각자의 생각에 갇히는 대신, 감정을 나누고 인격을 체감하면서 공유의 지점을 탐색해갈 가능성이 높아지는 것이다. 그 결과, 처음 만났을 때와는 다른 감정과 상태로 헤어질 수 있다.

　이때 중요한 것은 애매함을 견디는 마음이다. 우리 두뇌는 무엇이든 확실하게 규정하고 싶어 하지만, 인식의 대상은 늘 분명하지 않다. 사람이든 현실이든 언제나 정체를 알 수 없는 무언가를 품고 있기 마련이다. 사람은 자라면서 그것을 받아들이는 연습을 하게 되고, 그 과업을 수행하면서 철이 들어간다. 인간의 성장이란, 자기 뜻대로 세상이 돌아가지 않는다는 것을 하나둘씩 깨달아가는 과정이다. 사회심리학자 셰리 터클은 그 과

---

*　이봉현. 「'한국이 말한다'를 시작할 때」. 『한겨레』 2022. 5. 20.

정을 다음과 같이 설명한다.

젖먹이일 때 우리는 세상을 나누어 본다. 좋은 것—우리를 먹여주고 입혀주는 것—이 있고, 나쁜 것—우리를 좌절시키고 거부하는 것—이 있다고. 자라면서는 세상을 더 복잡한 시각으로 보게 된다. 예를 들면 흑과 백 너머에 회색의 그늘도 있음을 깨닫는다. 우리를 먹여주는 어머니가 때로는 젖이 떨어질 수도 있는 것이다. 시간이 흐르면서 우리는 부분들의 집합을 전체에 대한 이해로 바꿔간다. 이런 통합과 더불어, 실망과 모호성을 견디는 법을 배운다. 그리고 현실적인 관계를 유지하기 위해선 그들 나름대로 복잡한 타자들을 받아들여야 한다는 것을 배운다.*

그런데 인간이 철들기란 쉽지 않다. 어른이 되어도 유아적 성향이 남아 있어서, 상대방이 내 의견에 동의해주지 않으면 거절로 해석하기 일쑤다. 그러한 에고의 습성을 알아차리고 거기에 끌려가지 않도록 마음을 붙잡아야 한다. 칼 로저스는 '반대의 관점에 귀를 기울이는 것만이 인간적으로 성장하는 유일한 길'이라고 했는데, 불편한 반응을 담담하게 받아들일 수 있어야 성숙한 사람이다. 불확실하고 의심스러운 상태라도 편안하게

---

* 셰리 터클. 『외로워지는 사람들』. 이은주 옮김. 청림출판. 2012. 209쪽.

머물 수 있는 능력이 요구된다.

사실 우리의 감정이나 생각은 말이나 글로 담아내기엔 모호한 부분이 많다. 이것이냐 저것이냐의 이분법 논리는 물론이고, 온갖 형용사로도 충분히 표현할 수 없는 것이 마음이다. 그것은 타인은 물론이요 자기 스스로도 명료하지 않은 경우가 많다. 그것을 성급하게 문장이나 개념으로 담아내려고 할 때, 또는 상대방의 말을 자기 식대로 해석해버릴 때 소통은 막혀버린다. 판단을 보류하고 결론을 괄호 속에 넣어두는 여유가 필요하다.

그러한 태도는 조직에서 함께 일하는 사람들, 특히 리더들에게 더 요구된다. 주어진 과업을 제대로 수행하기 위해서는 상황을 다각적으로 파악하고 문제 해결의 방안을 면밀하게 검토해야 하는데, 그 작업을 개개인의 능력만으로 해내기는 어렵다. 조직 구성원들이 다양한 견해를 내놓고 서로 보완하면서 집단지성을 발휘해야 한다. 열쇠는 유연한 사고력과 그것을 북돋는 소통의 방식이고, 리더는 그런 조직문화를 일궈갈 책임이 있다. 어떻게 해야 할까? 자신이 직원들과 나누는 대화 방식을 살펴보아야 한다.

대화는 대부분 질문과 대답으로 이뤄지며, 어떻게 질문하는가에 따라 전혀 다른 내용이 전개된다. 특히 상급자가 부하직원과 소통할 때, 이 점을 유념해야 한다. 리더는 모든 것을 이끌어야 한다는 잘못된 통념 때문에 질문보다는 지시나 단언을 하게 마련이고, 질문할 때도 자신의 의견을 은근히 강요하는 경우가 실제로 많기 때문이다. 미국 MIT공과대학교 경영대학원의 에드거 H. 샤인과 피터 샤인 교수는 그런 식으로 소통할수록 조직은 상투적인 대답과 어색한 침묵 속에서 경직될 뿐만 아니라 생산성도 떨어진다고 지적하며, 그 대안으로 '겸손한 질문humble inquiry'을 제안한다.

여기서 '겸손함'이란, 형식적으로 자기를 낮추는 자세를 가리키는 것이 아니다. 질문할 때 자기가 정말로 그 문제에 대해 알지 못한다는 것을 인정하고, 상대방에게도 그런 메시지를 보내는 것이 중요하다. 자기 능력만으로는 복잡한 상황을 이해할 수 없다는 한계를 정직하게 받아들이면서 함께 배우려는 마음이 되어야 한다. 겸손한 질문의 핵심은 무엇인가. "호기심, 진실을 향한 열린 마음, 또한 서로 귀 기울이는 법을 배우고 상대방을 논쟁으로 굴복시키는 것이 아니라 공유된 맥락에 대해 공감대가 형성되도록 적절히 대응하는 법"*이라고 저자들은 말한다. 조직 구성원들은 그런 화법을 통해 새로운 관점과 통찰에 이를 수 있다.

물리학자 데이비드 봄은 대화의 핵심을 이렇게 짚은 바 있다. "참된 대화는 둘 또는 그 이상의 사람들이 서로가 자신의 확실성을 기꺼이 보류하려고 하는 것이다." 확신은 진실로 나아가

---

*   에드거 H. 샤인·피터 샤인. 『리더의 질문법』. 노승영 옮김. 심심. 2022. 34쪽.

는 데 걸림돌이 된다. 확신을 내려놓고, 명료함을 구해야 한다.*
자기를 겸허하게 비우고 경청하기. 정직하고 열린 질문으로 다
가가기. 모름을 투명하게 받아들이고 순수한 앎을 향하여 함께
나아가는 마음에서 우리는 새로운 가능성을 모색할 수 있다. 그
여백에서 상호 이해의 길이 열린다. 이해의 폭이 넓어지면 문제
에 대한 진단과 해법도 더욱 유연하고 우아해질 수 있다. 그런
의미에서 겸허한 질문과 경청은 창의성의 원동력이 된다.

온라인에서 꽃피우는 연결지능

인터넷 덕분에 예전에는 상상조차 할 수 없었던 방식으로
삶의 재미와 의미를 더하는 사람들이 많아졌다. 얼굴조차 본 적
없는 사람들이 이메일이나 휴대전화로 의기투합하고, 약속한
시간에 특정 장소에 일제히 나타나 깜짝 퍼포먼스를 벌이는 플
래시몹은 온라인과 오프라인을 창의적으로 결합한 사례. 그
런가 하면 'World Cleanup Day'처럼 지구 환경을 깨끗하게 하
기 위해, 매년 정해진 날짜에 여러 나라의 시민들이 바닷가 등

---

*　미래학자 밥 조핸슨Bob Johansen은 *Full-Spectrum Thinking: How to Escape Boxes in a Post-Categorical Future*(Berrett-Koehler Publishers, 2020)라는 책에서 "명료함clarity 에는 보상이 따르고 확신certainty에는 처벌이 따른다" "확신의 유혹에 저항하면 서, 가능성의 비탈을 가로질러 명료함을 구하는 능력"을 갖춰야 한다고 말한다.

에 모여 쓰레기를 치우는 사회 행동 프로그램도 있다.

대중문화 팬들이 온라인에서 만나 기후 위기에 대해 배우고 토론하며 행동하는 플랫폼도 등장했다. 2021년 '세계 야생동물의날'(3월 3일)에 공식 출범한 '케이팝포플래닛Kpop4planet'이 대표적으로, '죽은 지구에 케이팝은 없다'라는 슬로건을 내걸고 기획사에 압력을 행사한다. 예를 들어 플라스틱을 사용하지 않는 디지털 앨범을 발매하고, 탄소와 쓰레기 배출이 적은 공연을 실천하라고 요구하면서 시민들의 동참을 호소하는 캠페인을 벌이는 식이다. 또한 음악 스트리밍 업체들에 100퍼센트 재생 에너지 전환을 선언하고 자사 서비스에 어떤 에너지원을 사용하는지 투명하게 공개하라고 압박한다. 그들은 문화산업의 영역을 넘어 환경 보전에도 나선다. 열대우림을 파괴하는 기업을 비판하면서 해시태그 운동을 벌이거나, 지지하는 가수의 생일에 맞춰 멸종 위기 동물을 구하기 위한 모금 활동도 펼친다. 기후 위기의 당사자인 MZ세대가 아티스트를 응원하면서 선한 영향력을 확대하려는 이러한 움직임은, 인터넷을 기반으로 세상의 변화를 꾀하는 시도로서 주목받는다.

온라인에서 지구촌 시민들이 목소리를 모아낸 가상 합창단virtual choir도 흥미롭다. 여러 곳에 흩어져 있는 사람들이 같은 악보를 보고 각자 노래한 파일을 합성하여 작품으로 만들어내는 것인데, 2010년 미국의 작곡가이자 지휘자인 에릭 휘태커가 처음 시도했다. 가상 합창단은 물리적 접촉이 어려워진 코로나

19 기간에 더욱 각광을 받았다. 휘태커는 2020년 7월 129개국 1만 7,500여 명의 목소리를 합성한 작품 'Virtual Choir 6: Sing Gently'를 유튜브에 올렸고, 한국에서도 비슷한 방식으로 여러 공연이 선보였다. 사회적 거리두기나 격리 조치가 내려졌음에도 온라인에서는 아무 제약 없이 연결될 수 있고, 거기에서 놀라운 시너지가 일어날 수 있음을 새삼 확인하게 된다.

지구촌 시민들이 인터넷을 기반으로 협업하는 프로젝트는 과학 분야에서도 시도되었다. 그 가운데 하나로 'Foldit'라는 온라인 게임을 들 수 있다. 2008년 미국 워싱턴 대학의 단백질 디자인 연구소에서 개발한 이 게임은, 참가자들이 경쟁하고 협동하여 단백질의 구조를 추측하고 계산하는 것이 주어진 과제다. 게이머들은 생화학에 관한 배경지식이 거의 없지만, 화면에 떠있는 삼차원의 그래픽 모형을 가지고 시험 삼아 단백질 접기를 하는 과정에서 서로에게 등급을 매기며 도움을 주었다. 마치 레고 블록을 만지작거리며 조합하는 놀이처럼 즐길 수 있기에 많은 젊은이가 참여했다.

단백질의 구조를 풀어내면 백신 개발에서부터 양질의 플라스틱 제조에 이르기까지 폭넓게 응용할 수 있지만, 그 정체를 쉽게 파악하기 어려웠다고 한다. 그런데 과학자들이 10년 동안 씨름해온 문제를 2011년 게이머들은 3주 만에 풀어냈다. 그리고 2014년 에볼라 바이러스 사태가 나자, 에볼라 게임을 재빨리 추가해서 게이머들이 백신 개발에 크게 기여했다. 이후 지금까지 계속 새로운 목표를 정해 공동 작업을 수행해왔다(홈페이지 https://fold.it에서 여러 세부 과제들의 진행 상황을 소개하고 있고, 작업의 구체적인 방식을 동영상으로 설명해준다). 이런 식으로 어려운 과제를 놀이의 감각으로 풀어내도록 유도하는 시스템을 가리켜 '게임화gamification'라고 한다.

　의료 영역에서도 광범위한 집단 지성이 작동한다. 넷플릭스에서 방영된 다큐멘터리 「닥터 샌더스의 위대한 진단」은 질병의 진단과 치유에서 발휘되는 네트워크의 탁월함을 증언하고 있다. 이 영상물은 예일대 병원 내과 전문의 리사 샌더스 박사가 『뉴욕 타임스 매거진』에 연재한 칼럼*을 기반으로 제작되었는데, 각종 희소 질환**으로 고통받는 환자들이 주인공이다. 칼럼은 그동안 수많은 의사를 만났지만, 치료법은커녕 병명조차 제대로 확인받지 못해서 절망에 빠진 사람들의 처지를 세밀하게 전해준다. 그리고 다큐에서는 그 글을 읽은 독자들이 자신의 경험이나 의견을 영상에 담아 올리도록 인터넷 사이트를 운영한다. 비슷한 증세를 겪었거나 현재 겪고 있는 환자, 질환과 관련된 다양한 전문가의 목소리가 답지한다. 샌더스 박사는 그 가운데 유의미한 것을 추려서 환자에게 보여주고 새로운 접근

＊　'진단'이라는 코너명으로 게재된 이 칼럼들은 미국 폭스TV의 의학 드라마 「닥터 하우스」의 모태가 되었고, 이후에 단행본으로 묶여서 출간되었다. 리사 샌더스. 『위대한, 그러나 위험한 진단』. 장성준 옮김. 랜덤하우스코리아. 2010.

＊＊　보통 '희귀 질환'이라고 말하는데, '희귀하다'는 단어는 '드물고 귀하다'라는 뜻이라서 질환에는 맞지 않는 수식어다.

법을 함께 찾아간다.

다큐에서는 이를 '크라우드소싱crowdsourcing'이라고 칭하는데, 기업 활동에 소비자가 참여할 수 있도록 일부를 개방하고 그 기여로 성과가 향상되면 수익을 참여자와 공유하는 방법을 가리킨다. 의사의 전문성이 절대적인 의료 영역에서 문제의 해결책을 일반 대중에게 아웃소싱하는 시도는 파격적으로 보인다. 그러나 세상이 점점 복잡해지고 신체에 영향을 주는 변수가 늘어나면서 기존의 의학 지식만으로는 한계가 분명하다. 실제로 어떤 환자는 점진적인 기억상실로 고통받고 있었는데, 그 사연을 접한 환경과학자가 '걸프전 증후군'이라는 신종 병의 존재를 알려주었고, 똑같은 증세를 겪는 남자를 만나 자신이 이라크 전쟁에서 흡입했던 특정 화학물질이 원인임을 알게 되었다.

다큐의 주인공들은 모두 미국인이지만, 네트워킹은 글로벌하게 이뤄진다. 예를 들어 전신 통증으로 고통받는 여성은 이탈리아 의료진의 도움으로 유전자 이상을 발견하고, 식이요법으로 치료의 실마리를 찾는다. 매일 수백 번씩 원인 불명의 발작에 시달리는 아이의 부모는 덴마크에서 똑같은 질환을 앓고 있는 가족을 직접 방문해서 돌봄의 노하우를 공유하고 위로도 주고받는다. 이렇듯 대중과 전문가들이 폭넓게 의견을 교환하면서 새로운 가능성을 찾아가는 것이 이 프로젝트의 핵심이다. 설령 치료법을 찾지 못한다 해도, 외롭게 분투하던 환자들이 다른 환자들과 연결되면서 동병상련의 공동체를 만들어 서로를 지탱해주는 것만으로도 큰 의미를 갖는다.

인류 문명의 진화는 한마디로 연결connection을 증진시키는 방향으로 전개되어왔다고 요약할 수 있다. 그리고 그 범위는 21세기 들어 인터넷을 통해 전 지구적으로 확장되었다. 세계 인구 절반 이상이 언제든 접속하여 서로 소통할 수 있는 네트워크가 마련되었고, 앞으로 그 규모는 점점 더 커질 것이다. 그 안에서 방대한 정보와 지식이 유통되고 가공 및 변형된다. 그리고 다양한 경험, 상상력, 통찰력, 소망 등이 공유되면서 끊임없이 새로운 아이디어와 솔루션이 생성된다. 지구 정반대편에서 개발된 프로그램을 손쉽게 가져다 쓸 수 있고, 전혀 모르는 사람들이 뜻과 힘을 모아 여러 가지 일을 도모할 수 있다.

이러한 상황에서는 모두가 모두의 능력과 지식을 활용하고, 사안에 따라 유기적인 도움을 주고받아야 한다. 이는 교육의 패러다임을 근본적으로 바꿔놓고 있다. 지식이 일부에게 독점되고 교육의 기회가 제한되어 있던 시대에는 교사의 가르침이 절실했다. 그러나 정보와 지식이 폭증하고 누구나 쉽게 접근할 수 있게 된 지금, 그 무한한 자료들 가운데 필요한 것을 선별하고 조합하여 자기 나름의 지성을 쌓아가는 역량이 점점 중요해지고 있다. 에리카 다완과 사지-니콜 조니는 그것을 '연결지능'이라는 개념으로 제시하는데, 그 의미는 '세계의 다양하면서도 이질적인 사람들과 복잡한 정보 관계망, 여러 분야의 지식과 경험, 자원 등을 결합하고 연결해 통합을 이루어나감으로써, 다가오는 인류의 미래를 결정하는 가치와 의미를 창출하고 난관 타개의 돌파구를 발견하는 재능'*이라고 말한다.

어떤 문제를 해결하거나 무언가를 만들어내려 할 때 끌어 다 활용할 수 있는 지식이나 자원은 무한에 가깝게 열려 있다. 따라서 연결 그 자체가 좋은 성과를 보장하지 않는다. 오히려 너무 많은 정보는 혼란을 가중시키고 길을 잃게 한다. 어떤 주 제 내지 목표를 중심으로 자원들이 선별되고 배열되어야 한다. 그러한 초점이 명료하다면, 전혀 상관없는 자료나 경험들이 융 합되면서 의외의 결과물을 만들어낼 수 있다. 고정관념의 틀을 벗어나고 기존의 여러 경계를 자유롭게 넘나들면서 모험을 감 행할 수 있는 지성이 필요하다. 연결지능은 그렇듯 자기 나름의 지향을 가지고, 다양한 자원을 새로운 방식으로 조합하는 능력 위에서 꽃피운다.

그런 능력은 맥락을 입체적으로 조망하는 안목과 과제의 본질을 파악해내는 직관을 내포한다. 중요한 점은, 그것이 머릿 속에 지식을 잔뜩 집어넣는 데서 생겨나지 않는다는 것이다. 상 황에 부딪쳐 씨름하고 다른 사람들과 협업하면서 터득해가야 한다. 리얼리티에 대한 통찰과 문제의식이 분명할 때, 방대한 정보와 지식, 경험과 자원들이 취사선택되고 편집되어 놀라운 힘을 발휘한다. 얄팍한 지능이 아니라 깊은 지성이 요구되는 대

---

* 에리카 다완·사지-니콜 조니. 『연결지능』. 최지원 옮김. 위너스북. 2016. 18쪽.

목이다. 그것은 다양한 장場에서 존재를 연습하는 가운데 형성된다. 인터넷은 인류의 위대한 집단 지성을 배양하는 온상이 될 수 있다.

4

우주를 대면하는
경이로움

문득 하늘을 마주할 때

우리는 대상을 주시하며 사랑을 강화한다. 사랑받는 대상은 그 주시의 눈빛과 몸짓 때문에 처음에는 황홀하다. 그렇지만 일정 정도 진행된 후의 사랑에서, 주시만큼 거추장스럽고 피곤한 것은 없다. 사랑이 완전히 소멸하고 난 후의 주시는, 끔찍한 올가미로 바뀐다. 처음부터 끝까지 같은 방법으로 주시해도 불평하지 않고 늘 아름다운 것은 '풍경'밖에 없다. 나무와 강과 바다와 하늘 같은, 늘 같은 자리에서 소리 내어 반응하지 않는 존재들만이 주시를 견딘다.

— 김소연, 『마음사전』에서*

---

*   김소연.『마음사전』. 마음산책. 2008.

오스트리아에서 있었던 실화를 바탕으로 만들어진 「룸」(레니 에이브러햄슨 감독)이라는 영화가 있다. 7년 전 어떤 남자에게 납치되어 지하의 작은 방에 감금된 주인공 여성은, 거기에서 지옥 같은 나날을 보내다가 임신하여 아들 잭을 낳고 엄마가 된다. 남자가 공급하는 생필품만으로 살아가야 하는 엄마가 아들에게 세상을 보여줄 수 있는 유일한 통로는 텔레비전뿐이다. 어느 겨울 남자는 여자와 다투게 되고, 그에 대한 보복으로 전기를 끊어버린다. 극심한 추위를 견딜 수 없던 주인공은 기발한 방법으로 탈출하는데, 아들이 심한 감기에 걸려 죽었다고 속인 다음 서둘러 조치를 취하도록 유도한다. 아이가 죽은 몸으로 가장하여 담요에 둘둘 말려 있는 것을, 남자는 황급하게 트럭에 싣고 어디론가 달려간다. 동네를 벗어나자, 아이가 담요에서 고개를 살짝 내밀어 바깥을 올려다보는 장면이 잊히지 않는다. 다섯 살이 되어서야 처음으로 마주하게 된 하늘은 어떤 느낌일까.

어느 청년 장애인의 이야기도 생각난다. 그는 태어날 때부터 심한 뇌병변장애를 지니고 있었고, 고소득 전문직에 종사하고 있던 부모는 그런 상황을 받아들이지 못했다. 다른 사람들의 눈에 띄는 것이 창피해, 집에 손님이 찾아와도 방 안에서 꼼짝 않고 있어야 했다. 아이를 데리고 외출한 적도 없었다. 그렇게 감금 생활을 하다가 스무 살이 넘어서야 바깥으로 나올 수 있었

대면 비대면 외면

다. 그때 처음으로 탁 트인 하늘을 제대로 볼 수 있었고, 도시의 풍경도 직접 목격하게 되었다고 한다.

하늘을 올려다볼 수 있는 것은 인간만이 누리는 특권이다. 다른 동물들은 잠을 잘 때 배를 깔고 엎드리거나 옆으로 눕는 데 비해, 인간은 바닥에 등을 대고 똑바로 눕는다. 자연스럽게 시선이 위로 향하고 하늘을 마주하게 된다. 깨어 있을 때도 언제든 고개를 쳐들어 하늘을 올려다볼 수 있다. 직립을 하는 데다 목뼈가 뒤로 잘 굽혀지기 때문에 가능한 자세다. 기어 다니는 동물들은 흉내 내기 어렵고, 직립을 하는 영장류도 일부러 하늘을 지긋이 바라보는 일은 없다. 인간만이 하늘을 향해 고개를 든다.

진화의 긴 여정에서 보자면, 인류는 하늘을 관측하면서 전혀 다른 삶의 단계로 이행했다고 할 수 있다. 프랑스 도르도뉴 지방에서 발견된 2만 5,000년 전 동물의 뼛조각에는 달의 모습의 변화가 69개의 점으로 새겨져 있는데, 두 달에 걸친 달의 운행을 기록한 것으로 추정된다. 무슨 이유에서 하늘에 관심을 갖게 되었을까. 아득한 옛날, 뗏목으로 항해를 할 때 또는 도보나 낙타로 사막을 통과할 때 밤에는 별자리를 내비게이션으로 삼았다. 농사를 지으면서도 나일 강의 범람 시기를 별자리로 가늠하는 등 천문 현상으로 시간을 측정했고, 낮에도 날씨를 예측하기 위해 수시로 하늘을 살펴보았을 것이다. 그러다가 하늘에서 뜻을 찾는 점성술이 출현하기에 이르렀다.

이제는 더 이상 별자리로 위치와 방향을 찾지 않고, 농사나 일상생활에 필요한 날씨 정보는 뉴스나 인터넷에서 구한다. 그런데도 우리는 하늘을 올려다본다. '하늘을 우러러 한 점 부끄럼 없기를' '푸른 하늘 은하수 하얀 쪽배에' '저렇게 많은 별 중에서 별 하나가 나를 내려다본다'…… 하늘, 해, 달, 별, 구름 등이 들어간 시詩와 동화, 노래와 그림은 끝없이 쏟아진다. 천문天文 즉 하늘의 무늬는 마음의 무늬를 비춰보는 인문人文학적 텍스트다. 하늘은 단순히 시각적 대상이 아니라 대화의 상대이기도 하다. 어떤 일로 낙심하거나 우울해져서 땅바닥만 보고 걷다가, 문득 가슴을 쫙 펴고 위를 올려다보면 기운이 달라진다. 하늘을 마주하는 순간 숨통이 활짝 트인다.

늘 보아온 하늘이 뜻밖의 광경으로 다가오는 순간이 있다. 톨스토이의 『전쟁과 평화』에는 안드레이라는 인물이 등장하는데, 매우 속물적이고 명예욕이 강한 명문가 출신이다. 돈과 욕망만 좇던 그가 인생의 중대한 전환점을 맞이한 것은 전쟁터에서였다. 총탄을 맞고 쓰러졌다가 가까스로 살아나 의식을 되찾는 순간, 눈앞에는 높고 평온한 하늘이 펼쳐져 있었다. 그때 독백이 나온다. "왜 나는 전에 이 드높은 하늘을 보지 못했을까? 그러나 이제라도 깨달았으니 나는 얼마나 행복한가. 그렇다! 모두 허무하다. 모두 거짓이다. 이 끝없는 하늘 이외에는. 그러나 이 하늘마저도 없다. 아무것도 없다. 정적과 평화 외에는. 그것으로 좋은 것이다!……"* 평생 수없이 보아온 하늘이지만, 삶과 죽음의 경계에서 전혀 새로운 모습으로 다가온 것이다.

파란색으로 다채로운 작품을 남긴 프랑스 화가, 오직 색色만으로 그림을 완성함으로써 회화의 새로운 영역을 개척한 이브 클랭Yves Klein의 일화가 생각난다. 그는 열아홉 살 때 친구와 함께 니스 해변에 누워 하늘을 바라보다가 갑자기 말했다. "푸른 하늘은 나의 첫 미술 작품이다." 그러고 나서 하늘 어디엔가 사인을 했다고 한다. 여느 때와 다를 바 없는 하늘이었지만, 그 순간 전혀 다른 느낌으로 펼쳐지면서 그에게 경이로운 우주를 일깨워주었고 독창적인 예술 세계의 문을 열어준 것이다.

살다 보면 종종 하늘이 눈에 들어온다. 그런데 우리는 정말로 하늘을 보는 것일까? 번거로운 일상을 잠시 내려놓고, 마음을 오롯이 담아서 주시해보자. 그 대면에서 삶의 바탕 화면이 바뀌는 듯한 기분을 느낄 수 있다. 하늘만이 아닐 것이다. 보이는 것을 바라보면서 그 너머의 것에 시선이 미칠 수 있다면, 의외의 기쁨이 스며든다. 일상의 평범한 풍경이나 사소한 물건들을 물끄러미 응시해보자. 물아일체의 경이로움이 선물로 주어질 것이다.

---

*   레프 니콜라예비치 톨스토이. 『전쟁과 평화 1』. 박형규 옮김. 문학동네. 2017. 540쪽.

시야가 널리 펼쳐지면

핸드폰이나 티브이를 볼 때

자주 먼 곳을 바라보라고 한다.

눈이 나빠지지 않으려면

가까운, 작은, 세밀한, 손바닥만 한

이 지독한 근접을 벗어나

멀리 먼 곳을 보라고 권유한다.

이 의학적 권유는 삶의 지침.

먼 곳 너머 그 너머에는

산등성이가 굽이지고

하늘 구름이 흐르고

나무와 숲의 언저리가 있다.

바람이 불어오는 들판의 끝으로 가자.

까마득히 새들은 날아가는데

가닿을 수 없는 곳으로 눈을 두어야

조리개가 균형을 잡는다는 것.

사람도 사람의 먼 곳을 봐야겠지.

가까운 것만 보면 보이지 않아

──정일관,「먼 곳」부분*

---

* 『너를 놓치다』. 푸른사상. 2017.

'멀리 보고 크게 생각하자.' 전주에 있는 호성중학교 앞을 지나다가 건물의 높은 곳에 붙어 있는 구호를 보았다. '희망' '창의' '인재' 등 상투적인 문구를 사용하기보다 매우 쉽고 구체적으로 교육의 비전을 내세운 것이 인상적이었다. 멀리 본다는 것은 관념적인 이야기가 아니다. 학생들이 삶과 세계를 멀리 볼 수 있으려면, 물리적인 공간에서도 시야를 멀리 뻗을 수 있어야 한다. 그런데 요즘 아이들이 자라나는 환경은 점점 비좁아진다. 집이든 학교든, 주변에 높은 건물들이 빽빽하게 들어서면서 스카이라인이 직선으로 채워진다. 먼 곳을 바라보면서 마음의 부피를 키울 수 있는 시공간이 사라져가는 것이다. 그럴수록 스마트폰에 더욱 골몰하게 되고, 멀리 보는 눈은 점점 박약해지는 악순환이 일어난다.

앞서 인용한 시에서처럼 '지독한 근접을 벗어나 / 멀리 먼 곳을 보라'는 '의학적 권유는 삶의 지침'이 되어야 한다. 어떤 방식으로 권유할 수 있을까? 예전에 알던 지인이 들려준 이야기다. 6학년 때 담임선생님이 반 아이들에게 하루에 두 번 하늘을 올려다보라는 독특한 과제를 냈다. 이유는 말하지 않고, 무조건 하늘을 두 번 올려다보라고만 했다. 그는 착실하게 과제를 수행했고, 이후 대학에서 기상학을 전공하여 지금 관련 분야에서 활동하고 있다. 어릴 적 하늘을 그렇게 유심히 바라본 경험이 오늘의 자신을 만들었다고 했다.

미국의 어느 천문학자 이야기도 떠오른다. 초등학교 시절, 그는 가족들과 야외 나들이를 갈 때마다 멀미가 심해서 늘 고생했다. 그런데 언젠가부터 먼 하늘로 눈을 돌리면 증세가 가라앉는다는 것을 경험했다. 그러다 보니 하늘을 바라보는 일이 습관이 되었고, 자연스럽게 별과 우주에 관심이 생겨 천문학자가 되었다. 단순히 생리적인 불편함을 해소하기 위해 눈을 돌린 것뿐인데, 골똘히 주시하면서 천체의 신비를 느끼게 된 것이다.

지금 우리 일상은 정보 매체에 의해 제각각의 공간으로 분화되고 단절되어 있다. 어쩌다가 하늘에 무지개가 뜨거나 저녁노을이 멋지게 번지면, 저마다 사진을 찍어 SNS에 올리기에 바쁘다. 가끔은 저장과 과시에 대한 강박을 잠시 내려놓고, 그 시공간에 무심하게 머물러보자. 곁에 있는 사람들을 그냥 바라보자. '나'와 '너'가 '그것'을 통해 이어지고 있음을 느끼면서, 지금 이 순간에 함께 살아 있음을 찬미할 수 있으리라. 존재의 풍요로움에서 우러나오는 행복감, 서로를 북돋아주는 축복이 거기에 있다.

풍경의 먼 곳을 바라보듯 '사람의 먼 곳'을 바라보고 싶다는 시인의 말도 음미해본다. 사람들이 죽을 때 가장 후회하는 것 중 하나가 타인에게 좀더 친절하게 대하지 못한 것이라고 한다. 누군가를 용서하지 못하고 떠나보낸 것을 아쉬워하는 이들도 많다고 한다. 시간의 거리를 두고 보면, 무엇이 정말로 소중한지를 새삼 깨닫게 되는 것이다. 그런데 시간이 경과하지 않아도

대면 비대면 외면

심리적 거리두기를 하면서 바라볼 수 있으면 좋겠다. 지금 드러난 것만으로 상대방을 규정하지 않고, 숨어 있는 존재의 가능성을 믿어줄 수 있다면 한결 너그럽게 관계를 맺어갈 수 있다. 생애의 드라마를 폭넓게 조망할 수 있어야 하는데, 그런 원근법을 익히려면 생각의 조리개가 균형을 잡아야 한다. 그 연습을 육안을 통해서 할 수 있다고 시인은 말한다.

시선이 머무는 곳이 곧 삶이 깃드는 장소다. 깊이 응시하다 보면, 보이지 않던 것이 눈에 들어온다. 탁 트인 벌판[野]에 설 때, 시야視野가 펼쳐지면서 가슴이 열린다. 거기서 만나는 공동의 세계에 접속하면서, 우리는 타인과 세계에 충만하게 연결될 수 있다. 일부러 시간을 내어 산등성이를 따라가고 숲의 언저리를 찾아가고 들판도 걸어보자. 야외로 나가면 자연스럽게 시선이 멀리 닿고, 아득한 풍경에 눈길이 머문다. 시인의 말대로, 이런 습관은 눈 건강에 도움이 되고 마음의 부피도 키워준다. 그 대면에서 우리는 근시안을 벗고 세상과 인생을 드넓게 조망할 수 있다. 맑고 밝은 호연지기浩然之氣로 일상을 충전할 수 있다.

나는 사람들 눈에 띄지도 않을 만큼 작은데
이 큰 사랑이 어떻게 내 몸 안에 있을까.
네 눈을 보아라, 얼마나 작으냐?
그래도 저 큰 하늘을 본다.

―루미

보이는 것의 안과 밖

보이는 것들이 보는 것을 가로막는다.

보여지는 것들이 보아야 하는 것들을 뒤덮는다.

보란 듯이.

보인다. 보여진다. 보인다. 본다.

보인다. 보이지 않는다. 보인다.

보지 못한다.

―― 윤해서, 「홀」에서*

흔글 프로그램에는 한글과 영어의 자동 변환 기능이 있다.

---

*　　윤해서. 『코러스크로노스』. 문학과지성사. 2017.

'한/영' 키를 일일이 누르지 않아도, 철자의 조합이 한글인지 영어인지를 분간해서 단어를 띄워준다. 그런데 그 기능이 오히려 귀찮을 때가 있다. 입력한 영어 단어가 신조어라서 아직 등록되어 있지 않고, 마침 그 철자의 조합으로 한국어가 있어서 자동 변환될 때다. 그 가운데 하나가 'SNS'인데, 그 문자 키는 '눈'과 동일하다. 영어 키보드로 설정해놓고 'SNS'를 타이핑해도, '눈'으로 바꿔서 띄워준다. 그래서 각 철자를 한 칸씩 띄어서 입력하고 다시 이어붙이는 번거로움을 감수해야 한다. 키보드에서 'SNS'와 '눈'이 같은 문자 키로 구성되어 있다는 것은 흥미로운 우연의 일치다. 우리의 눈이 SNS에 속박된 일상을 깨우치는 것일까.

눈은 우리 몸에서 가장 분주한 부위다. 물론 잠시도 쉬지 못하고 계속 일한다는 점에서는, 단연코 심장과 폐가 더 부지런하다. 하지만 그들이 수행하는 기능은 일정하다. 맥박과 호흡이 빨라지는 상황이거나 공기의 질이 너무 나쁜 환경이 아니라면 규칙적으로 움직인다. 다른 내장 기관들도 대체로 그러하다. 그에 비해 다섯 가지 감각기관은 언제나 외부 세계를 살피면서 중요한 자극들을 민첩하게 감지해야 한다. 그런데 그 가운데서도 가장 바쁜 곳이 눈이다. 눈은 잠잘 때나 일부러 눈을 감을 때가 아니면 늘 활동한다. 오감 가운데 가장 부하가 많이 걸리는 것이 시각이다.

정보가 폭증하는 미디어 환경에서 우리의 눈은 혹사당한

다. 똑같은 텍스트인데 인쇄물로 볼 때와 달리, 인터넷 화면으로 볼 때는 마음이 매우 조급해진다. 스크린 뒤에 무한으로 뻗어 있는 링크, SNS에 계속 올라오는 소식들, 끊임없이 업데이트되면서 확장되는 정보와 지식 때문이다. 그 엄청난 속도와 방대함에 짓눌리면서 하나라도 더 확인해야 한다는 강박에 시달린다. 인터넷 강의를 듣거나 웹으로 영화를 볼 때 2~3배 속으로 돌리기도 한다. 시선의 속도가 빨라질수록 어떤 주제나 대상에 마음이 머무는 시간이 짧아지고, 잡다한 자극과 이미지들을 표면적으로 터치할 뿐이다. 대화에서 상대방을 섬세하게 경청하는 능력도 감퇴한다. 게다가 번잡한 도시가 유발하는 풍경의 아노미 속에서 시선은 더욱 얄팍해지기 쉽다.

보이는 것이 많아지면, 보는 것이 줄어든다. 윤해서 작가의 말대로 "보이는 것들이 보는 것을 가로막는다. 보여지는 것들이 보아야 하는 것들을 뒤덮는다." 그 결과, 주의를 기울여야 하는데 방치되고 마는 사각지대가 곳곳에 생겨난다. 보아야 할 사람을 놓친다. 아예 보이지 않아서 못 보기도 하고, 보긴 보았지만 무심결에 지나쳐버리기도 한다. 코로나19 속에서 시선은 더욱 가로막혔다. 거리두기와 격리 기간이 길어지며 왕래가 두절되었는데, 그동안 번거로운 만남과 접촉에 시달리다가 홀가분해진 사람들이 있는가 하면, 고립과 단절 속에서 생계와 일상이 빈곤해진 경우도 많다. 우울증의 증가가 한 가지 지표다. 마음이 연결되는 사회적 공간을 어떻게 회복할까.

대면 비대면 외면

포스트 코로나 시대라는 '가보지 않은 세계'는 불안으로 체감되지만, 우리 안에 깃든 의외의 잠재력을 일깨우는 계기가 될 수도 있다. 무한 성장의 신화와 속도 경쟁에 매몰되어 훼손되거나 망각했던 인간 존엄을 회복하는 작업이 시작되어야 한다. 존엄을 세우려면, 개인의 독자성을 확인하는 동시에 사회적인 의존성을 인정해야 한다. 그 둘은 동전의 양면처럼 얽혀 있다. 타인과 깊은 연결을 맺기 위해서는 마음의 중심끼리 이어져야 하고, 정서적 신뢰가 구축되어야 한다. 그것이 가능하려면 우선 자기 중심이 든든하게 세워져 있어야 하며, 스스로를 신뢰해야 한다. 이를 위해서 자신과의 고독한 대면이 요구된다.

'고독'이라는 단어에는 상이한 의미가 함축되어 있다. 그 두 글자에 각각 '립立' 자를 붙여보자. '고립'과 '독립'이 된다. 근대 들어 등장한 개인은 '독립'을 통해 자유를 추구했고, 자기만의 인생을 향유하려 했다. 그런데 그것이 타인과의 관계를 배제하는 방향으로 흐를 때 '고립'에 이르고 만다. 거기에서 벗어나 관계를 맺어보려 하지만, 상대방을 통해 자신의 결핍을 채우려는 에고 때문에 비틀어지는 경우가 많다. 그래서 더욱 단절되고 고립된다. 내면의 중심이 분명하게 세워진 사람만이 인간관계에서 자기중심성에 얽매이지 않을 수 있다. 모처럼 주어진 '고독'의 시간이 '고립'으로 내몰리는 것이 아니라, 스스로 '독립'을 훈련할 수 있다면 타인과의 만남도 한결 충실해진다. 자족의 넉넉함과 공생의 기쁨으로 상대방을 기꺼이 맞아들일 수 있기 때문이다.

3년에 걸친 비상사태는 일상의 속살을 예리하게 드러냈다. 기존의 상식들을 낯설게 바라보게 해주었다. 거기에서 존재에 대한 자각이 일어났다. 삶은 거대한 그물망으로 존립한다는 것. 생명은 무한한 사슬로 얽혀 있다는 것. 우리는 서로의 일부라는 것…… 길게 지나온 재난의 터널을 돌아보면서 그 여정에서 일어난 배움을 되새겨보자.

퇴계 선생은 말씀하신다. "마음을 두 갈래 세 갈래로 흩트리지 말고, 한 가지로 올곧게 모아 만 가지 변화를 주시하라." 시선의 속도를 늦추면 마음이 보인다. 눈에 보이는 것의 안과 밖을 넘나드는 직관이 자라난다. 로그인과 로그아웃이 유연하게 교차하고, 대면과 비대면은 순환해야 한다. 그 속에서 우리는 관심의 주권을 회복할 수 있다. 마스크 너머로 주고받던 따스한 눈빛으로 악수를 나누면서, 경청과 환대의 공간을 빚어낼 수 있다. 팬데믹 시대를 건너가는 사회적 면역력은 거기에서 배양된다.

대면 비대면 외면